Primer plano 2

Libro del Profesor

VIDA COTIDIANA

María Ángeles Palomino

Tareas en Internet: Alfredo González Hermoso

edelsa
GRUPO DIDASCALIA, S.A.
Plaza Ciudad de Salta, 3 - 28043 MADRID - (ESPAÑA)
TEL.: (34) 914.165.511 - (34) 915.106.710
FAX: (34) 914.165.411
e-mail: edelsa@edelsa.es
www.edelsa.es

Primera edición: 2001

Dirección y coordinación editorial: Departamento de Edición de Edelsa.
Diseño de cubierta: Departamento de Imagen de Edelsa.
Diseño y maquetación de interior: Dolors Albareda.
Diseño y maquetación de interior Libro del profesor: Francisco Cabrera Vázquez y Susana Ruiz Muñoz.

Fotomecánica e Imprenta: Peñalara.

ISBN: 84.7711.376.9
Depósito legal: M-24.917-2001

Fuentes, créditos y agradecimientos

Grabación de vídeo: Producciones Escosura.
Imágenes del vídeo: págs. 6, 7, 16, 17, 18, 19, 28, 29, 30, 31, 40, 41, 42, 43, 52, 53, 54, 55, 64, 65, 66, 67, 76, 77, 78, 79, 88, 90, 91, 100, 102, 103, 106, 109.

Fotografías:
Brotons: págs. 35, 107 y 109; Contifoto: Charles Chaplin, Alfred Hitchcock, Marilyn Monroe, pág. 81; Cristina y Guadalupe Gil Bürmann: pág. 24; Enrique García y Ramón Sánchez: pág. 93; Eva Sánchez: págs. 15 (paella), 52, 61, 100 y 105; Imax: pág. 37; Javier Peña: pág. 107; María Ángeles Palomino: pág. 96; María Sodore: págs. 12, 28 y 49; Mario Antonio de Franck: págs. 14 (Catedral de Burgos) y 24; Natalia García: pág. 96; Revista ¡HOLA! (16 de octubre de 1997): pág. 12; Seridec: págs. 73 y 76; Sonia Casado: pág. 73; Víctor Pascual: pág. 24.

Ilustraciones:
Marina Seoane: págs. 6, 8, 10, 11, 13, 20, 21, 22, 23, 25, 26, 32, 33, 34, 44, 45, 47, 48, 50, 56, 57, 58, 59, 60, 62, 68, 69, 70, 71, 74, 80, 82, 83, 84, 85, 86, 92, 93, 94, 95, 104 y 106.

Páginas de Internet:
www.tourspain.es: pág. 27; www.mcu.es: pág. 39; www.venca.es: pág. 63; www.paginas-amarillas.es: págs. 51 y 75; www.terra.es: pág. 87; www.correos.es: pág. 99; www.ciudadfutura.com: págs. 87 y 111; www.pansandcompany.com, www.adomicilio.com/motopaella/index.htm y www.comercomer.com: pág. 111.

Reproducción de documentos:
Autotransportes Tres Estrellas del Centro, México: pág. 38; Correos: págs. 89 (impreso para carta certificada, sellos) y 97 (logo por Internet); El Corte Inglés (Plano de Madrid): pág. 40; Fichas ICEX (Instituto Español de Comercio Exterior): págs. 10 y 11; Seguridad en el Transporte Público, UNAM (Universidad Nacional Autónoma de México): pág. 38; Isla Mágica, Sevilla, Parque Temático: pág. 14; La Casita de Los Arroces: pág. 101; Plano-callejero de Segovia, Patronato de Turismo, Junta de Castilla y León: pág. 108; Telepizza: pág. 109.

Notas:
- La editorial Edelsa ha solicitado los permisos de reproducción correspondientes y da las gracias a quienes han prestado su colaboración.
- Las imágenes y documentos no consignados más arriba pertenecen al Archivo y al Departamento de Imagen de Edelsa.

Libro del profesor

Libro del alumno
Estructura de cada episodio

• *Presentación del episodio*

Vocabulario.

Transcripción íntegra de los diálogos.

Título.

Fotogramas sacados del vídeo.

Documentos reales, que ayudan a la comprensión del vídeo.

Ejercicios preparatorios para la comprensión de la secuencia.

• *Prácticas del vídeo*

Preguntas de comprensión de la secuencia.

Juego de rol de muy breve aplicación para practicar las estructuras funcionales.

Actividad para la organización discursiva.

Actividad para la sistematización de los exponentes funcionales.

• *Encuadre gramatical*

sentación
n cuadros
sencillos.

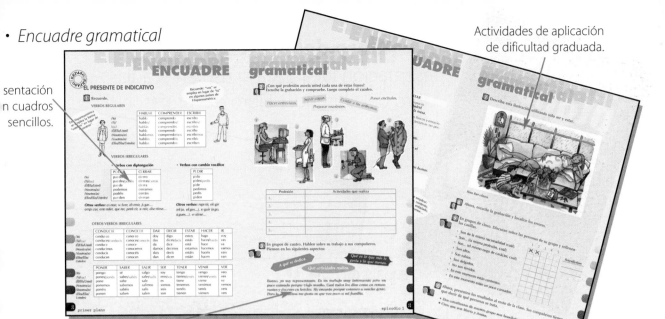

Actividades de aplicación
de dificultad graduada.

Actividades de interacción oral.

• *Se rueda*
Consolidación
de los aspectos comunicativos
y gramaticales del episodio.

Actividades graduadas
de interacción para
desarrollar la autonomía
de los estudiantes.

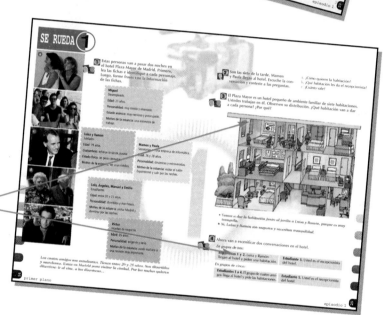

• *Aprendiendo el guión*
Proporciona a los estudiantes
modelos para desenvolverse
eficazmente en situaciones
comunicativas concretas.

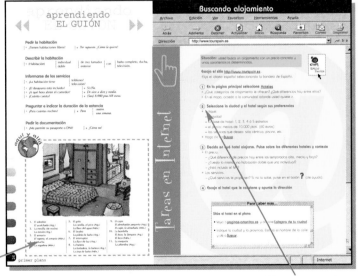

• *Aquí y allá*
Muestra de léxico temático
con variantes argentinas
y mexicanas.

• *Tareas en Internet*
Ejercicios para la profundización en los contenidos
culturales y temáticos del episodio a partir de documentos
auténticos de páginas de Internet.

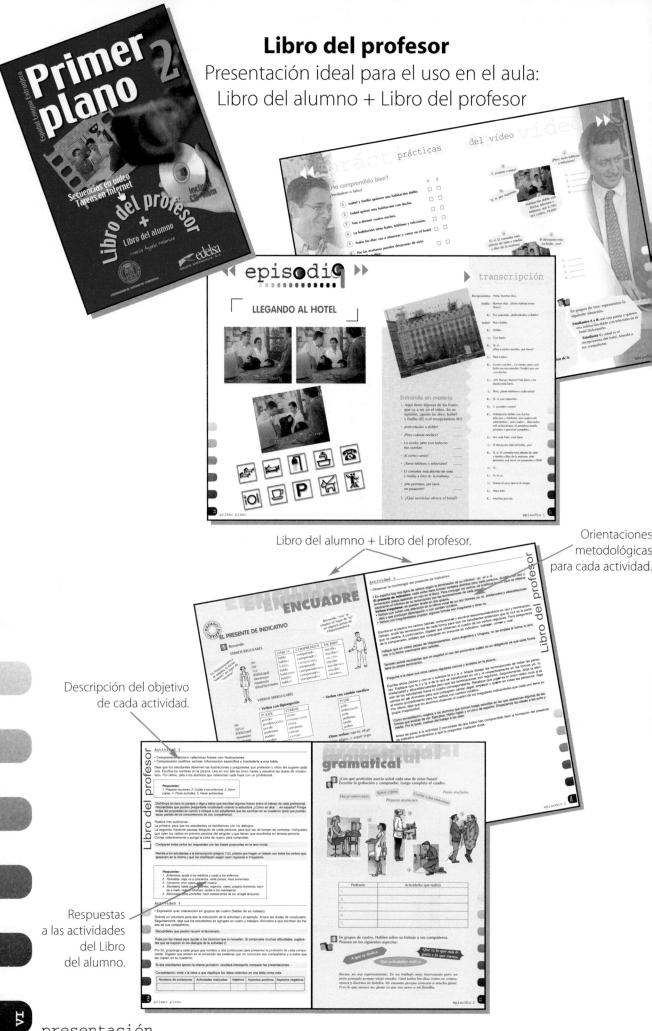

Libro del profesor

Presentación ideal para el uso en el aula:
Libro del alumno + Libro del profesor

Libro del alumno + Libro del profesor.

Orientaciones metodológicas para cada actividad.

Descripción del objetivo de cada actividad.

Respuestas a las actividades del Libro del alumno.

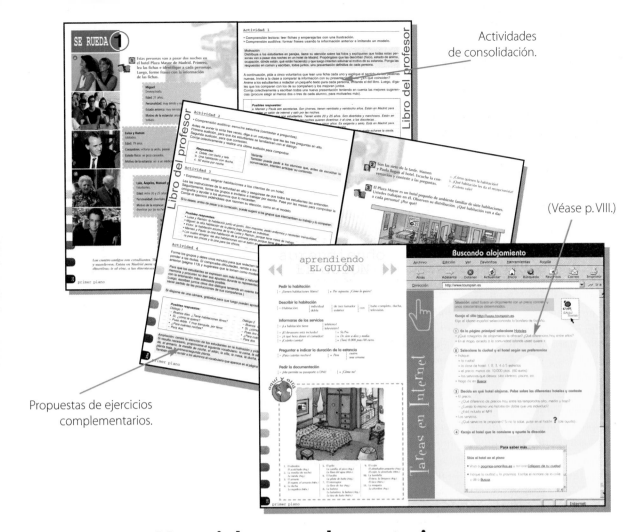

Actividades de consolidación.

(Véase p. VIII.)

Propuestas de ejercicios complementarios.

Materiales complementarios

Cuaderno de ejercicios

Una amplia gama de actividades destinadas a consolidar los conocimientos lingüísticos y funcionales. Estos ejercicios pueden realizarse individualmente tanto en el aula como fuera de ella.

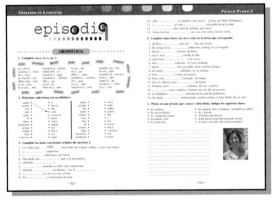

CD-ROM

Recoge todas las secciones del libro y propone más ejercicios prácticos encaminados a un aprendizaje individual.

2 casetes / 1 CD

Incluyen las grabaciones del vídeo así como todos los diálogos del Libro del alumno.

Vídeo

Sirve de base al desarrollo didáctico de los episodios.

Multimedia

Tareas en Internet

El uso de Internet en el aula permite vivir una realidad lingüística y cultural desde cualquier parte del mundo, de forma instantánea y a un bajo coste. Al profesor le brinda la posibilidad de rescatar documentos auténticos y actuales con el fin de realizar la explotación didáctica. Por ello la sección de TAREAS EN INTERNET propone un recorrido por sitios de la Web relacionados con la temática del episodio. La explotación se realiza a partir de preguntas, cuyas respuestas suponen una asimilación del contenido léxico y cultural. El profesor tiene la función de guiar a los estudiantes en ese recorrido. No obstante, puede sugerir nuevas propuestas de trabajo.

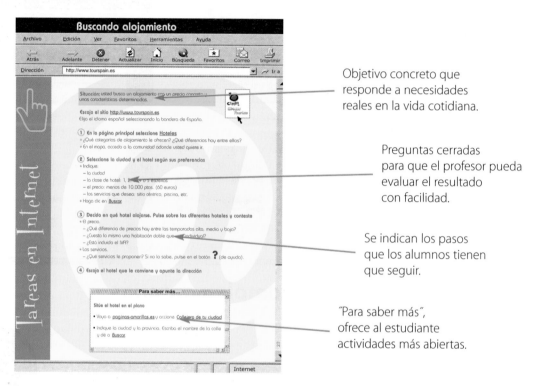

Objetivo concreto que responde a necesidades reales en la vida cotidiana.

Preguntas cerradas para que el profesor pueda evaluar el resultado con facilidad.

Se indican los pasos que los alumnos tienen que seguir.

"Para saber más", ofrece al estudiante actividades más abiertas.

¿Qué va a hacer el alumno?

- En la tarea *Buscando alojamiento* elige un hotel tras informarse de los servicios y características.

- En *Visitando un museo* planifica una visita al Museo del Prado examinando las obras más representativas.

- En *Moverse en la ciudad* aprende a consultar un callejero y a localizar determinados lugares en él.

- En *Comprando ropa por Internet* elegirá prendas desde un catálogo virtual.

- En *Es mejor prevenir que curar* se informa de aspectos relacionados con la salud para librarse de riesgos en un viaje.

- La tarea *En la cocina* ofrece la posibilidad de que el alumno elija diferentes platos de comida mexicana y argentina y aprenda cómo se preparan a partir de las recetas.

- En *Enviando una carta* descubre aspectos importantes que hay que tener en cuenta para enviar correspondencia.

- En la tarea *Eligiendo comida* conoce comidas típicas de España a través de diferentes empresas de teleservicios.

Multimedia

Acerca del CD-ROM de Primer plano 2

Primer Plano 2 en soporte CD-ROM cubre las necesidades de aquellos estudiantes que deseen profundizar en la sistematización y práctica de los contenidos lingüísticos. Va especialmente dirigido a los alumnos que no puedan asistir regularmente a clase y necesiten un trabajo individual.

❑ Generalidades:

· Público: jóvenes-adultos / adultos.
· Nivel: intermedio.
· Lengua de interacción: español.
· Objetivos: aprendizaje y fijación de los contenidos tratados en el Libro del alumno.
· Destrezas trabajadas: la comprensión oral y escrita y la expresión escrita.
· Configuración: PC y Macintosh.

❑ Estructura del CD-ROM

El CD-ROM se ha diseñado sobre el mismo modelo que el libro. Este nuevo formato ofrece múltiples ventajas: el alumno dispone simultáneamente del vídeo, de actividades, "carpeta de recursos" con esquemas gramaticales, diccionarios, un test de evaluación después de cada episodio, acceso directo a Internet...

Al igual que el libro, se compone de una unidad introductoria y ocho episodios basados en situaciones comunicativas concretas. Con el fin de asegurar una rigurosa progresión en el proceso de adquisición, el recorrido por las secciones y los ejercicios correspondientes es lineal y obligatorio: para pasar de un episodio a otro es necesario haber realizado un número concreto de actividades.

PRESENTACIÓN

1 Vamos a conocer a los personajes del vídeo.

- Emilio.
- 32 años.
- Comerciante.
- México.
- Vive en Buenos Aires.

- Isabel.
- 29 años.
- Profesora.
- Argentina.
- Vive en Buenos Aires.

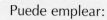
Puede emplear:

2 Ahora hable sobre ellos.

- ¿**Cómo** se llaman?
- ¿**Cuántos** años tienen?
- ¿**A qué** se dedican?
- ¿**De dónde** son?
- ¿**Dónde** viven?
- ¿**Cómo** son físicamente?

Es
- joven, mayor.
- alto/a, bajo/a.
- delgado/a, esbelto/a, gordo/a.
- rubio/a, castaño/a, moreno/a.

Tiene el pelo
- largo, corto.
- rizado, ondulado.

3 Isabel y Emilio hablan de sus gustos y aficiones.

Escuche y complete el cuadro.

	Le encanta/n	Le gusta/n	No le gusta/n
A Isabel			
A Emilio			

Actividad 1

• **Comprensión lectora: leer datos específicos.**

El objetivo de esta primera actividad es presentar a los protagonistas de las secuencias de vídeo: Isabel (una argentina) y Emilio, su marido (un mexicano).

Deje que los estudiantes observen las fotos y lean en silencio la información relativa a cada personaje.

Si lo desea, solicite dos voluntarios para leer en alto una ficha cada uno.

Actividad 2

• **Expresión oral: contestar a preguntas manejando el vocabulario básico referido a la descripción de personas.**

Este ejercicio permite hacer un repaso de los interrogativos y de los adjetivos utilizados en la descripción física de personas (edad, estatura, corpulencia y pelo).

Antes de decir a los alumnos que trabajen, pida a un voluntario que lea las expresiones clave del recuadro. Pregunte si hay dudas de vocabulario y aclárelas (recurriendo a la mímica o señalando el pelo de algunos estudiantes). Subraye que los adjetivos *joven* y *mayor* no varían en género y que todos se usan con el verbo *ser: Es joven, es alta, es delgada, es castaña,* etc.

Fíjese en que el orden de las preguntas se corresponde con el de los datos presentados.

Plantee usted mismo las seis preguntas y anime a la clase a contestarlas.

Esta actividad también puede realizarse en parejas: por turnos, un estudiante pregunta y su compañero responde.

Como ejercicio de consolidación, anime a los voluntarios a que se describan (a sí mismos o unos a otros).

Actividad 3

• **Comprensión auditiva y expresión escrita: extraer información específica y trasladarla a una tabla.**

Antes de proceder a la audición, si lo ve necesario, haga un repaso de la expresión de los gustos. Escriba la palabra *gusta* en la pizarra a la izquierda y *gustan* a la derecha. Indique lo que le gusta, primero con sustantivos en singular, luego, con infinitivos. Ejemplos: *Me gusta el deporte. Me gusta viajar.* Siga el mismo procedimiento con *gustan* con palabras en plural. Ejemplo: *Me gustan los coches deportivos.* A continuación, pida a los alumnos que hagan lo mismo y anote las respuestas en las columnas correspondientes. Hágales deducir cuándo se usa cada forma.

Ponga la cinta tres veces. (Si lo desea, escriba primero en la pizarra las palabras del fragmento que considere difíciles de entender y explique su significado.)
Primera audición, para que los alumnos se familiaricen con la conversación.
Segunda audición, para que completen el cuadro, individualmente. Si comprueba dificultades, divida la clase en dos grupos, el primero completará la columna de Isabel y el otro la de Emilio. Seguidamente, anime a los alumnos a que comparen sus respuestas.
Corrija colectivamente planteando las siguientes preguntas: *¿Qué le gusta? ¿Qué le encanta a Isabel? ¿Y qué no le gusta?* Repita el procedimiento con Emilio. Procure que intervengan todos los estudiantes. Indíqueles que tienen que pasar a tercera persona del singular las frases oídas en primera persona.
Vuelva a poner la grabación una última vez, parándola cuando resulte necesaria alguna aclaración.

Remita a la clase a la transcripción (página 112) y solicite tres voluntarios para hacer una lectura expresiva de la misma.

> **Respuestas:**
> • *A Isabel*
> – *Le gusta/n: el deporte, los perros.*
> – *Le encanta: salir, divertirse, estar con sus amigas y su trabajo.*
> – *No le gusta/n: la comida japonesa, las exposiciones.*
> • *A Emilio*
> – *Le gusta/n: salir los fines de semana, los gatos.*
> – *Le encanta: la comida japonesa.*
> – *No le gusta/n: correr, los perros.*

Actividad 4

• **Comprensión auditiva: identificar información específica (gustos y aficiones) y analizarla para deducir el carácter de una persona.**

Dirija la atención de los estudiantes hacia los adjetivos y aclare las dudas de vocabulario.

Aproveche para hacer un repaso de la formación del femenino de los adjetivos calificativos.
• Terminados en -o: -o > -a. Ejemplo: *divertido/divertida*.
• Terminados en -e, -ista: invariables. Ejemplos: *alegre/alegre, optimista/optimista*.
• Terminados en -or: + -a. Ejemplo: *trabajador/trabajadora* (excepción: *mayor/mayor*, introducido en la actividad 2.)
Pregunte a los alumnos qué otros adjetivos conocen y haga que indiquen los femeninos correspondientes.

Realice otra audición, o remita a los estudiantes a la transcripción, y anímeles a razonar cada respuesta que den.

> **Posibles respuestas:**
> • *Isabel es alegre, divertida, simpática, sociable, comunicativa y trabajadora.*
> • *Emilio es simpático.*

Actividad 5

• **Expresión oral: interacción en parejas (entrevistar a los compañeros para obtener determinados datos).**
• **Practicar la frase interrogativa.**

Deje que los estudiantes se distribuyan en parejas y explíqueles la mecánica de la actividad (si lo ve necesario, ejemplifíquela con un voluntario): por turnos, han de hacerse las preguntas y anotar las respuestas. Pase por las mesas para escuchar las producciones. Valore siempre los aciertos para motivar a los alumnos. Si cometen errores, al corregirlos no los repita, dé sólo la versión correcta (para que únicamente sea esta la que oigan y, por lo tanto, retengan). Vaya anotando las faltas más significativas y corríjalas todas al final de la actividad. Anime a los alumnos a que le pregunten vocabulario usando los exponentes *¿Cómo se dice "37" en español? ¿Cómo se escribe?* No dude en interrumpir el ejercicio si tiene que dar explicaciones que puedan resultar útiles para toda la clase.

Actividad 6

• **Expresión oral: exponer ante la clase los resultados de una encuesta.**

Pida a los estudiantes que se fijen en el ejemplo del libro y motívelos para que presenten a su compañero ordenando la información de la misma manera. Escriba las palabras nuevas en la pizarra y diga a los alumnos que las copien en su cuaderno.

Si lo considera necesario, haga un repaso de los números hasta cien. Para ello, escriba los siguientes (o algunos de ellos) en la pizarra y solicite voluntarios para leerlos: *3, 7, 11, 19, 21, 23, 17, 30, 31, 34, 36, 44, 48, 50, 52, 59, 61, 64, 68, 72, 75, 77, 83, 86, 90, 92, 94.*

4 Escuche de nuevo la grabación. ¿Cómo son de carácter Emilio e Isabel? Use algunos de los adjetivos de esta lista.

alegre, triste
divertido/a, serio/a
sincero/a, mentiroso/a
optimista, pesimista

simpático/a, antipático/a
trabajador/-a, perezoso/a
sociable, tímido/a
introvertido/a, comunicativo/a

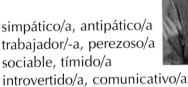 **5** Ahora, van a hacer una encuesta para conocer a sus compañeros de clase. Hable con un/a compañero/a y hágale las siguientes preguntas:

		FECHA

- ¿Cómo te llamas?
- ¿De dónde eres?
- ¿Qué haces?
- ¿Cuántos años tienes?
- ¿Cuántas lenguas hablas?

- ¿Por qué estudias español?

  Porque lo necesito para mi trabajo. ☐   Porque viajo mucho a España. ☐
  Porque me gustan las lenguas extranjeras. ☐   Otro:

- ¿Cuáles son tus actividades de clase preferidas?

  Escuchar grabaciones. ☐   Ver vídeos. ☐
  Los ejercicios de gramática. ☐   Hablar con los compañeros. ☐
  Hablar con el profesor. ☐   Escribir. ☐
  Representar situaciones.   Otra:

- ¿Qué es lo que más te gusta de España o Hispanoamérica?

6 Ahora, presente a su compañero/a al resto de la clase.

Este es Hugo. Es brasileño. Es estudiante de Psicología y tiene 20 años. Habla dos idiomas: portugués e inglés. Aprende español porque...

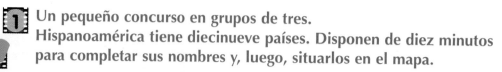

1 Un pequeño concurso en grupos de tres.
Hispanoamérica tiene diecinueve países. Disponen de diez minutos
para completar sus nombres y, luego, situarlos en el mapa.

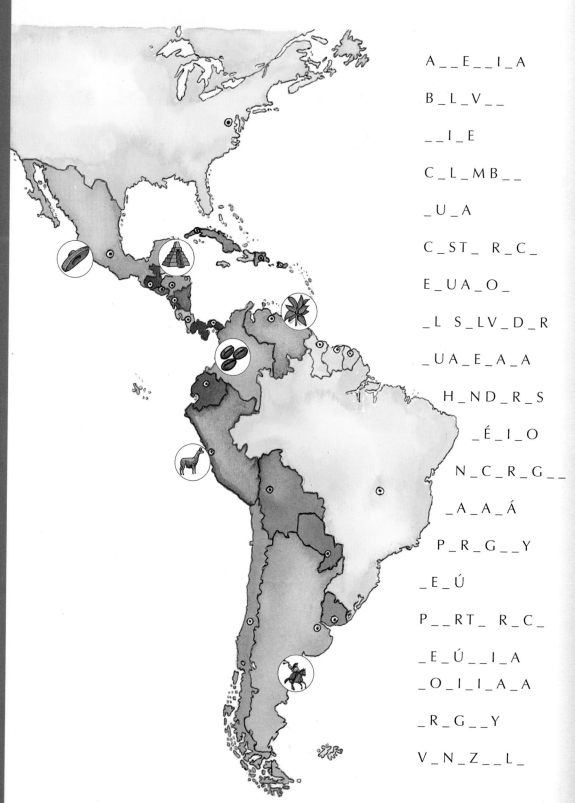

A _ _ E _ _ I _ A

B _ L _ V _ _

_ _ I _ E

C _ L _ M B _ _

_ U _ A

C _ S T _   R _ C _

E _ U A _ O _

_ L   S _ L V _ D _ R

_ U A _ E _ A _ A

H _ N D _ R _ S

_ É _ I _ O

N _ C _ R _ G _ _

_ A _ A _ Á

P _ R _ G _ _ Y

_ E _ Ú

P _ _ R T _   R _ C _

_ E _ Ú _ _ I _ A

_ O _ I _ I _ A _ A

_ R _ G _ _ Y

V _ N _ Z _ _ L _

2 Ahora, escuchen la grabación y comprueben.

primer plano

Actividad 1

• **Expresión escrita: completar los nombres de los países hispanoamericanos.**

Agrupe a los estudiantes de tres en tres y deje que trabajen. Supervise discretamente la realización de la actividad ayudándolos a situar algunos países, por medio de pistas (por ejemplo: *Chile es un país muy largo.*).

Respuesta:

ARGENTINA

BOLIVIA

CHILE

COLOMBIA

CUBA

COSTA RICA

ECUADOR

EL SALVADOR

GUATEMALA

HONDURAS

MÉXICO

NICARAGUA

PANAMÁ

PARAGUAY

PERÚ

PUERTO RICO

REPÚBLICA DOMINICANA

URUGUAY

VENEZUELA

Actividad 2

• **Comprensión auditiva: localizar países en un mapa.**

Ponga la cinta (las veces que resulten necesarias) para que los grupos puedan verificar sus respuestas anteriores.

Remítalos a la transcripción (página 112) y llame su atención sobre las expresiones que sirven para situar.

Como consolidación, puede pedirles que vuelvan a ubicar algunos de los países pero usando otras estructuras. Ejemplos:
• *Argentina limita con...*
• *Las costas de México están bañadas por...*
• *Bolivia no tiene mar.*

Si lo desea, proporcione el nombre de las capitales: *Argentina: Buenos Aires; Bolivia: La Paz; Chile: Santiago; Colombia: Bogotá; Costa Rica: San José; Cuba: La Habana; Ecuador: Quito; Guatemala: Guatemala; Honduras: Tegucigalpa; México: México DF (Ciudad de México); Nicaragua: Managua; Panamá: Panamá; Paraguay: Asunción; Perú: Lima; Puerto Rico: San Juan; República Dominicana: Santo Domingo; El Salvador: San Salvador; Uruguay: Montevideo; Venezuela: Caracas.*

Ampliación: pregunte a los estudiantes en cuál(es) de estos países ya han estado (tanto por motivos profesionales como personales).

• **Comprensión y expresión escrita: contestar a una serie de preguntas sobre Hispanoamérica.**
• **Expresión oral: interacción en grupos (comparar las respuestas al test anterior).**

Solicite un voluntario para leer las preguntas y resuelva las dudas de vocabulario. A continuación, deje que los alumnos trabajen y anoten sus respuestas. Proporcióneles los siguientes recursos y anímelos a usarlos en su conversación: *Pues, no sé. Creo/Pienso que se trata de... Sí, tienes razón. No estoy de acuerdo, yo creo que es...* Si comprueba dificultades, haga con ellos las dos primeras frases.

A continuación, pida a cada grupo que compare sus respuestas con las de otro y elijan juntos las que les parezcan correctas. Al igual que en la fase anterior, deles estas estructuras: *Nosotros pensamos que la respuesta es... Y ustedes, ¿qué han contestado? Sí, es verdad. No, estamos seguros de que es...*

Por último, pongan todas las respuestas en común.

> **Respuestas:**
> 1. Santiago; 2. Argentina; 3. México; 4. Quino, argen-
> tino; 5. El Caribe y el Pacífico; 6. Cuba; 7. Colombia;
> 8. Un lago; 9. Argentina y Chile; 10. El 12 de octubre
> de 1492; 11. En Brasil; 12. De Chile.

Ampliación: anime a los estudiantes a que, en grupos de cuatro, escriban más preguntas imitando las del cuestionario para proponérselas luego a sus compañeros.

3 Contesten a las siguientes preguntas. Luego comparen sus respuestas con las de otro grupo y decidan juntos cuáles son las correctas.

1. ¿Cuál es la capital de Chile?

   ....

2. ¿En qué país se baila mucho el tango?

   ....

3. ¿De qué país es el guacamole una especialidad culinaria?

   ....

4. ¿Cómo se llama el creador de Mafalda y cuál es su nacionalidad?

   ....

5. ¿Qué mar y océano une el Canal de Panamá?

   ....

6. ¿En qué isla se elabora el ron?

   ....

7. Cite un país productor de café.

   ....

8. ¿El Titicaca es un lago o un volcán?

   ....

9. Cite dos países atravesados por la cordillera de los Andes.

   ....

10. ¿En qué día, mes y año llega Colón a América?

    ....

11. ¿En qué país nace el río Amazonas?

    ....

12. ¿De qué país depende la Isla de Pascua?

4 Ahora van a conocer los países de Isabel y Emilio.

GRUPO A

Hablen con los estudiantes del grupo B para completar su información sobre Argentina. Luego, contesten a sus preguntas.

¿Qué población tiene…?

Fichas ICEX
(Instituto Español de Comercio Exterior).

MÉXICO

- Extensión: 1.972.545 km^2

- Población: 97.361.711

- Capital: Ciudad de México

- Moneda: el peso

- Idiomas: español y lenguas amerindias

- Religión: católica

- Principales zonas comerciales (ver mapa)

ARGENTINA

- Extensión: ....

- Población: ....

- Capital: ....

- Moneda: ....

- Idiomas: ....

- Religión: ....

- Principales zonas comerciales:
....
....

- Países con los que linda:
....
....

- Océano que baña sus costas:
....

Actividad 4

• **Expresión oral: interacción en parejas (responder a preguntas sobre Argentina y México).**
• **Expresión escrita: rellenar una ficha con la información obtenida.**

Antes de iniciar la actividad, pregunte a los estudiantes qué saben sobre México y Argentina. Anote la información en la pizarra y anímelos a escribirla en su cuaderno.

Divida a la clase en parejas. Con el fin de que los estudiantes usen los interrogativos correctos, invítelos a que formulen las posibles preguntas (algunos datos admiten varias). Ejemplos:
• *¿Cuál es la extensión de Argentina? ¿Qué extensión tiene Argentina? ¿Cuántos km² tiene Argentina?*
• *¿Cuál es su población? ¿Cuántos habitantes tiene?*
• *¿Cómo se llama la capital? ¿Cuál es la capital?*
Pase por los grupos para supervisar la realización de la tarea y ayudarlos cuando sea preciso. Al corregir los errores de pronunciación, dé sólo la versión correcta (para que únicamente sea esta la que oigan y, por tanto, memoricen).
Anímelos a que usen: *¿Cómo se escribe? ¿Lleva acento? ¿Con "c" o con "z"? ¿Puedes repetir? Más despacio, por favor.*

Pida a la clase que escriba los números con letras y, según sus necesidades, haga un repaso de los numerales desde cien.

Como ejercicio de consolidación, invite a los estudiantes a redactar un pequeño texto a partir de todos estos datos. Para ello, proporcióneles los siguientes recursos:
• *Argentina tiene una extensión de 2.776.655 km² y una población de ... habitantes.*
• *Linda con ... y sus costas están bañadas por...*
• *Su moneda es...*
• *La religión mayoritaria es...*
• *Las ciudades argentinas más importantes son...*

Libro del profesor

Actividad 4

• **Expresión oral: interacción en parejas (responder a preguntas sobre Argentina y México).**
• **Expresión escrita: rellenar una ficha con la información obtenida.**

Antes de iniciar la actividad, pregunte a los estudiantes qué saben sobre México y Argentina. Anote la información en la pizarra y anímelos a escribirla en su cuaderno.

Divida a la clase en parejas. Con el fin de que los estudiantes usen los interrogativos correctos, invítelos a que formulen las posibles preguntas (algunos datos admiten varias). Ejemplos:
• *¿Cuál es la extensión de México? ¿Qué extensión tiene México? ¿Cuántos km^2 tiene México?*
• *¿Cuál es su población? ¿Cuántos habitantes tiene?*
• *¿Cómo se llama la capital? ¿Cuál es la capital?*
Pase por los grupos para supervisar la realización de la tarea y ayudarlos cuando sea preciso. Al corregir los errores de pronunciación, dé sólo la versión correcta (para que únicamente sea esta la que oigan y, por tanto, memoricen).
Anímelos a que usen: *¿Cómo se escribe? ¿Lleva acento? ¿Con "c" o con "z"? ¿Puedes repetir? Más despacio, por favor.*

Pida a la clase que escriba los números con letras y, según sus necesidades, haga un repaso de los numerales desde cien.

Como ejercicio de consolidación, invite a los estudiantes a redactar un pequeño texto a partir de todos estos datos. Para ello, proporcióneles los siguientes recursos:
• *México tiene una extensión de 1.972.545 km^2 y una población de ... habitantes.*
• *Linda con ... y sus costas están bañadas por...*
• *Su moneda es...*
• *En México se hablan varios idiomas:*
• *La religión mayoritaria es...*
• *Las ciudades mexicanas más importantes son...*

GRUPO B

Contesten a las preguntas de sus compañeros del grupo A. Luego hablen con ellos para completar la información sobre México.

¿Cuál es la capital de…?

(Fichas ICEX)
(Instituto Español de Comercio Exterior).

MÉXICO

- Extensión: ....
- Población: ....
- Capital: ....
- Moneda: ....
- Idiomas: ....
- Religión: ....
- Principales zonas comerciales:
  ....
  ....
- Países con los que linda:
  ....
  ....
- Océanos que bañan sus costas:
  ....
  ....

ARGENTINA

- Extensión: 2.776.655 km²
- Población: 36.600.000
- Capital: Buenos Aires
- Moneda: el austral
- Idiomas: español y lenguas indígenas
- Religión: católica
- Principales zonas comerciales (ver mapa)

1 ¿Qué conocen de España? Mencionen monumentos, deportes...

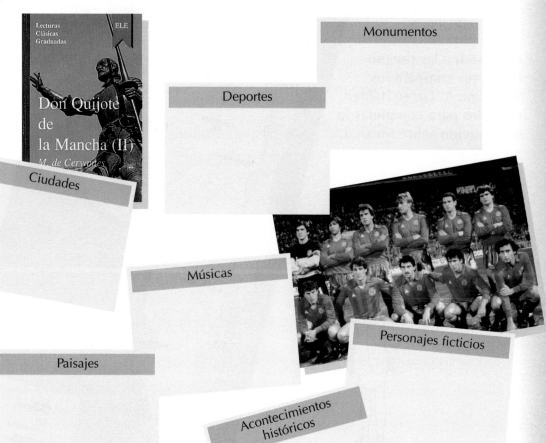

Monumentos

Deportes

Ciudades

Músicas

Personajes ficticios

Paisajes

Acontecimientos históricos

Personajes famosos

2 Ahora, presenten sus respuestas al resto de la clase.

3 Escuchen lo que dicen unos españoles en una encuesta. Compárenlo con las respuestas más mencionadas por la clase.

primer plano

• **Expresión oral y escrita: interacción en pequeños grupos (intercambiar información sobre España y trasladarla a unos cuadros).**

Antes de iniciar la actividad, invite a la clase a que observe las fotografías y hable sobre las mismas.

Deje que los estudiantes se distribuyan en grupos de tres y deles unos quince minutos para que completen los cuadros. Anímelos a que usen estructuras como las siguientes:
• *¿Qué monumentos españoles conoces?*
• *¿Sabes el nombre de algún personaje famoso?*
• *¿Me podrías decir...?*
A continuación, cada equipo elige a un portavoz para presentar las respuestas. Ejemplos:
• *Los monumentos son...*
• *En España se practica mucho el/la...*

El objetivo de esta segunda parte de la actividad es que todos los alumnos puedan sacar partido de los conocimientos de sus compañeros.

Analicen juntos las respuestas. Ejemplos:
• *¿Cuáles son las ciudades más mencionadas?*
• *¿Cuáles son los personajes famosos más citados?*
• *¿Ha comprobado algunos tópicos?*

• **Comprensión auditiva: extraer información específica.**

Lea en alto la instrucción de la actividad y ponga la cinta dos veces.
Primera audición, para que los estudiantes se familiaricen con el texto. ¿Qué nombres han logrado captar?
Segunda audición, para que escriban las respuestas. Deje que oigan los diálogos otra vez si lo considera necesario.

Para facilitarles la tarea, puede dividir a los alumnos en cuatro grupos y pedir a cada uno que se fije en los nombres de:
• Grupo 1: monumentos y deportes.
• Grupo 2: ciudades y músicas.
• Grupo 3: paisajes y acontecimientos históricos.
• Grupo 4: personajes ficticios y famosos.

Para la corrección, remita a la clase a la transcripción (página 112) y proponga a tres voluntarios que la lean de forma expresiva.

Respuestas:
• *Monumentos: la Sagrada Familia de Barcelona, la Alhambra de Granada, la Catedral de Sevilla.*
• *Deportes: el fútbol, el ciclismo, el tenis.*
• *Ciudades: Madrid, Barcelona, Sevilla, Granada.*
• *Músicas: el flamenco, el pasodoble, el rock.*
• *Paisajes: la playa, los parques naturales.*
• *Acontecimientos históricos: la transición democrática, el ingreso de España en la Unión Europea.*
• *Personajes ficticios: Don Quijote, Carmen.*
• *Personajes famosos: el Rey, la Reina, Julio Iglesias, Picasso, el Greco, Goya, Dalí.*

Actividad 4

• **Comprensión lectora: interpretar información global y específica.**
• **Expresión oral: dar la opinión sobre los españoles. Contrastar datos.**

El objetivo de esta actividad es favorecer el gusto por la lectura de textos auténticos breves.

Lea el artículo usted mismo para dar el modelo de pronunciación de las palabras nuevas. Saque luego voluntarios para repetir la lectura en alto. Aclare las dudas de vocabulario. Compruebe la comprensión por medio de un ejercicio de *verdadero o falso*. Ejemplos: *Los extranjeros piensan que España es un país tradicional. [Verdadero]. Los españoles dicen que los extranjeros son orgullosos. [Falso]. Los extranjeros aseguran que para los españoles la amistad no es importante. [Falso]. Los españoles nunca están en casa. [Verdadero]. Muchos extranjeros quieren pasar sus vacaciones en España. [Verdadero].*

Sugiera a los estudiantes que anoten en su cuaderno los términos que no conocían (escribir las palabras ayuda a fijarlas en la memoria).

Por fin, anímelos a que den su opinión sobre lo que acaban de leer. Ofrezca las estructuras: *(No) Estoy de acuerdo, pienso que los españoles son...*

Variante: Replantee la actividad proponiendo a los alumnos que, en lugar de leer primero el texto y dar luego su opinión, intenten anticipar su contenido y después comparen sus respuestas.

Como ejercicio de consolidación, y para comprobar la corrección ortográfica, puede dictar el texto.

Actividad 5

• **Comprensión auditiva: extraer información específica y trasladarla a una tabla.**

Si lo desea, antes de empezar la actividad, haga un repaso de la expresión de la hora. Para ello, dibuje algunos relojes en la pizarra y pregunte a la clase qué hora marca cada uno usando: *¿Qué hora es? ¿Me puedes decir la hora?*

Lea las instrucciones del ejercicio y asegúrese de que todos los alumnos las han entendido. Seguidamente, ponga la cinta tres veces.
Primera audición, para que se familiaricen con el texto.
Segunda audición, para que completen el cuadro.
Corrija colectivamente volviendo a poner la grabación.

> **Respuestas:**
> • *Se levantan entre las siete y las ocho.*
> • *Comen entre las dos y las tres.*
> • *Cenan entre las nueve y las diez y media.*
> • *Se acuestan entre las once y las doce y media.*

Actividad 6

• **Comprensión auditiva: ordenar información específica.**

Antes de realizar la audición, lea las cinco expresiones y resuelva las posibles dudas de vocabulario.

> **Respuestas:**
> *limpiar la casa: 3; hacer la compra: 2; estudiar: 4; trabajar: 1.*

Pregunte ahora a los estudiantes qué actividad de ocio les sugiere cada ilustración.

Si lo desea, para que ejerciten su memoria, puede proponerles que contesten a la pregunta sin volver a poner la grabación, ya que la han oído varias veces.

> **Respuestas:**
> • *Se mencionan: leer la prensa, ver la tele, escuchar la radio/música, navegar por Internet.*
> • *Faltan: salir con los amigos, estar con la familia, hacer deporte, ir al cine, ir al teatro.*

Remita a la clase a la transcripción (página 112) y pida voluntarios para leerla de forma expresiva.

Actividad 7

• **Expresión oral: hablar de su rutina.**

Antes de dar la palabra a los estudiantes, como ayuda, puede hacer un repaso de las expresiones de frecuencia y preguntarles cada cuánto realizan cada actividad.
• *(Casi) Siempre, a menudo, a veces, (casi) nunca.*
• *Una/dos/tres/... vez/veces al día, a la semana, al mes.*
• *Todos/as los días, lunes, martes, semanas, meses...*
• *Cada día, lunes, martes, semana, mes...*

Analicen juntos las respuestas. Ejemplos:
• ¿Cuántos estudiantes leen el periódico?
• ¿Cuál es la actividad de ocio preferida de la clase?

4 Lea el siguiente texto sobre cómo ven los extranjeros a los españoles.

Según un estudio, los extranjeros ven España como un país tradicional y religioso. El 84% de los europeos tiene una opinión positiva sobre los españoles.

ASPECTOS POSITIVOS
Los extranjeros ven a los españoles como personas que dan mucha importancia a la amistad, simpáticas, divertidas, alegres, que siempre están en la calle, cordiales, acogedoras, abiertas y con mucha personalidad.

ASPECTOS NEGATIVOS
Según los extranjeros, los españoles son orgullosos, impuntuales, bebedores y celosos.

España ocupa el primer lugar en el *ranking* mundial como país ideal para pasar las vacaciones.

Adaptado de Quo

¿Está usted de acuerdo con esta imagen de los españoles? ¿Cómo los ve usted?

 5 Escuche este programa de televisión en el que se habla sobre los horarios y las costumbres de los españoles y complete el cuadro.

	se levantan?	comen?	cenan?	se acuestan?
¿A qué hora…				

 6 Escuche de nuevo.

• **¿En qué orden se mencionan las siguientes obligaciones diarias?**

☐ limpiar la casa   ☐ hacer la compra   ☐ estudiar   ☐ trabajar

• **Marque (✓) las actividades de tiempo libre citadas.**

 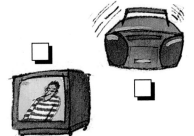  

• **¿Qué actividades faltan?**

 7 Ahora, compare estos datos con su experiencia personal y discútalo con sus compañeros.

8 Isabel y Emilio se acaban de casar y están pasando su luna de miel en España. Lea las postales que han enviado a sus familiares y amigos, siga su viaje en el mapa y escriba en él el nombre de los lugares visitados.

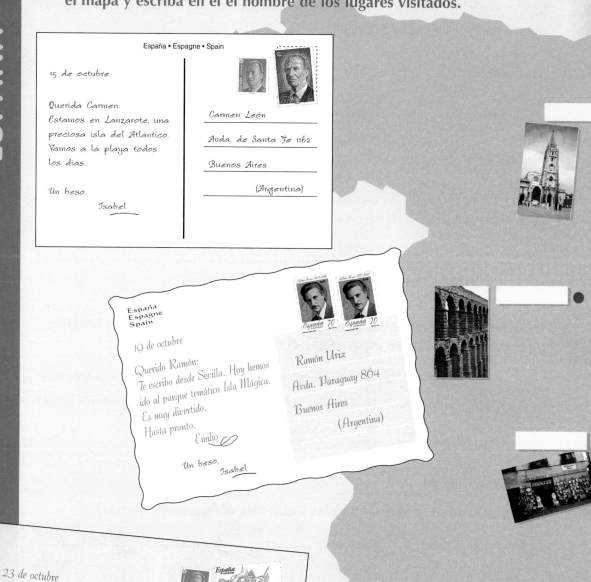

España • Espagne • Spain

15 de octubre

Querida Carmen:
Estamos en Lanzarote, una preciosa isla del Atlántico. Vamos a la playa todos los días.

Un beso.
Isabel

Carmen León

Avda. de Santa Fe 1162

Buenos Aires

(Argentina)

España
Espagne
Spain

10 de octubre

Querido Ramón:
Te escribo desde Sevilla. Hoy hemos ido al parque temático Isla Mágica. Es muy divertido.
Hasta pronto.
Emilio

Un beso.
Isabel

Ramón Uriz
Avda. Paraguay 864
Buenos Aires
(Argentina)

23 de octubre

Querido Fabián:
Estamos paseando por las calles de Segovia. Ya vimos el acueducto.
Abrazos.

Emilio

Fabián Mercero
Eje Central Lázaro Cárdenas
256 Colonia Guerrero
06900 México DF.
(México)

España • Espagne • Spain

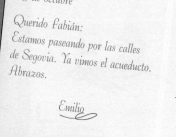

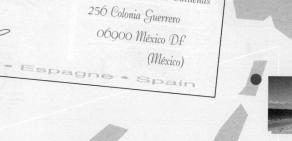

primer plano

* **Comprensión lectora: leer información sobre diferentes lugares para luego situarlos en un mapa.**

Este ejercicio permite a los estudiantes valorar (aunque de forma modesta) algunos aspectos del patrimonio arquitectónico, cultural y gastronómico español, como son el Acueducto de Segovia, la Catedral de Burgos, la alfarería toledana o la paella.

Lea el pequeño texto que encabeza la actividad y cerciórese de que todos los alumnos lo han entendido. A continuación, atraiga su atención sobre las postales y saque a seis voluntarios para que lean en voz alta una cada uno sin olvidar las direcciones. Resuelva las dudas de vocabulario invitando a los estudiantes a usar el recurso *¿Qué significa «artesanía»?* (También puede ser una buena ocasión para que usen el diccionario.)
Seguidamente, deje que trabajen de manera individual y en silencio.

Indique que en la correspondencia española, después del saludo, se ponen dos puntos *(Querida Carmen:)*.

Este ejercicio también puede realizarse en parejas: el primer alumno lee las postales y su compañero localiza los lugares.

Respuesta:

Actividad 9

• **Expresión oral: dar la opinión sobre distintos lugares españoles.**

Anime a los alumnos a que den y razonen su opinión sobre cada lugar. Como ayuda, proporcióneles los siguientes ejemplos:
- *Me gustaría ir a Lanzarote porque me encanta la playa.*
- *Tengo ganas de visitar Valencia para comer paella.*
- *Me apetece ir a Burgos para visitar la Catedral.*

Actividad 10

• **Expresión oral: producir descripciones sencillas sobre ciudades y regiones españolas.**

Introduzca el ejercicio en forma de pequeño debate informal con los alumnos: póngalos en semicírculo frente a la pizarra y vaya escribiendo en la misma los sitios mencionados. Anímelos a que sitúen los lugares en el mapa que figura en esta página.

Si lo desea, al finalizar la clase anterior a esta actividad, pregunte a los estudiantes si han visitado ciudades o provincias españolas y, si sacaron fotos o consiguieron folletos en las oficinas de turismo, pídales que los lleven a clase para enseñárselos a sus compañeros.
Si usted dispone de algunos, llévelos también.

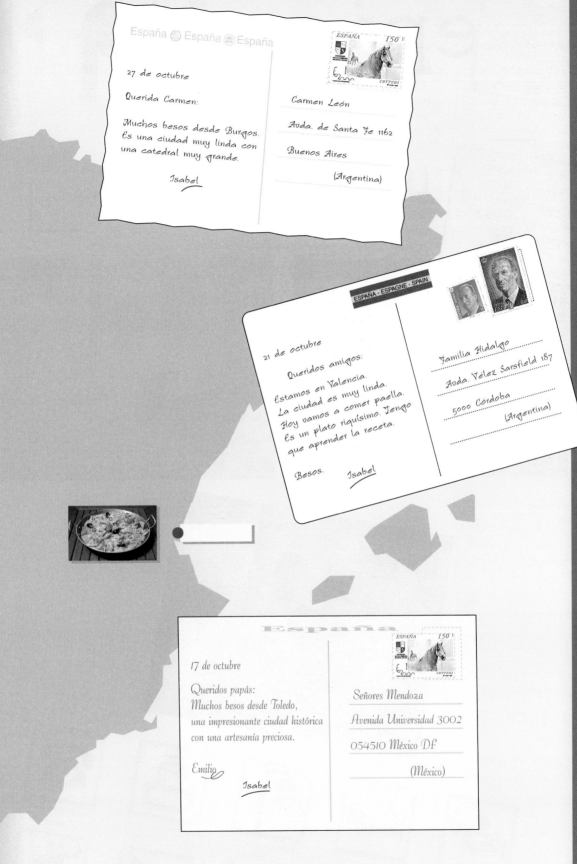

España 🌐 España 🌐 España

27 de octubre

Querida Carmen:

Muchos besos desde Burgos.
Es una ciudad muy linda con
una catedral muy grande.

Isabel

Carmen León

Avda. de Santa Fe 1162

Buenos Aires

(Argentina)

ESPAÑA - ESPAGNE - SPAIN

21 de octubre

Queridos amigos:

Estamos en Valencia.
La ciudad es muy linda.
Hoy vamos a comer paella.
Es un plato riquísimo. Tengo
que aprender la receta.

Besos.   Isabel

Familia Hidalgo

Avda. Vélez Sarsfield 187

5000 Córdoba

(Argentina)

España

17 de octubre

Queridos papás:
Muchos besos desde Toledo,
una impresionante ciudad histórica
con una artesanía preciosa.

Emilio
      Isabel

Señores Mendoza

Avenida Universidad 3002

054510 México DF

(México)

9 Isabel y Emilio han visitado muchos lugares, ¿a cuál le gustaría ir?
¿Por qué?

10 ¿Conoce usted otros lugares españoles de interés turístico?

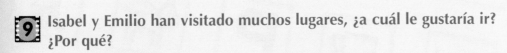

ESPAÑA

15

episodio 0

Esta doble página prepara a la clase para la comprensión del vídeo.

Comente el título a partir de las fotos y los textos que aparecen. Aproveche para repasar o introducir vocabulario: *pedir una habitación, la recepción, el recepcionista…*

episodio

LLEGANDO AL HOTEL

– Buenos días. ¿Tiene habitaciones libres?

– Pues doble.

– Dame el saco que te lo tengo.

El saco (Arg.) = La chaqueta

Habitaciones dobles

Habitaciones individuales

Habitaciones con ducha

Habitaciones con baño completo

Habitaciones con teléfono

Restaurante

Cafetería

P

Aparcamiento gratuito

Se admiten animales

Discoteca

Antes del visionado escriba en la pizarra las palabras y expresiones difíciles y explique su significado. Después ponga el vídeo las veces que sean necesarias sin subtítulos y con los libros cerrados

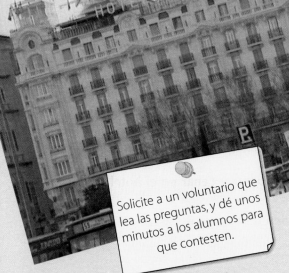

Solicite a un voluntario que lea las preguntas, y dé unos minutos a los alumnos para que contesten.

Entrando en materia

1. **Aquí tiene algunas de las frases que va a oír en el vídeo. En su opinión, ¿quién las dice, Isabel y Emilio (IE) o el recepcionista (R)?**

- ¿Individuales o doble? ....R...
- ¿Para cuántas noches? ....R...
- Lo siento, pero con baño no nos quedan. ....R...
- ¿Cuánto cuesta? ....IE...
- ¿Tiene teléfono y televisión? ....IE...
- El comedor está abierto de siete y media a diez de la mañana. ....R...
- ¿Me permiten, por favor, un pasaporte? ....R...

2. **¿Qué servicios ofrece el hotel?**

Previo a la actividad, fije la atención de los estudiantes hacia los iconos y anímelos a que adivinen su significado. Si comprueba dificultades, escriba las palabras en la pizarra y pídales que las relacionen con los iconos.

Recepcionista: Hola, buenos días.

Emilio: Buenos días. ¿Tiene habitaciones libres?

R.: Por supuesto. ¿Individuales o doble?

Isabel: Pues doble.

R.: Doble.

I.: Con baño.

R.: Sí, sí... ¿Para cuántas noches, por favor?

E.: Para cuatro.

R.: Cuatro noches... Lo siento, pero con baño no nos quedan. Tendrá que ser con ducha.

E.: ¡Ah, bueno, bueno! Está bien, con ducha está bien.

I.: Pero, ¿tiene teléfono y televisión?

R.: Sí, sí, por supuesto.

E.: Y, ¿cuánto cuesta?

R.: Habitación doble con ducha, televisor y teléfono, son cuatro mil setecientas... por cuatro... dieciocho mil ochocientas. Si prefieren media pensión o pensión completa...

113 euros

E.: No, está bien, está bien.

I.: El desayuno está incluido, ¿no?

R.: Sí, sí. El comedor está abierto de siete y media a diez de la mañana. ¿Me permiten, por favor, un pasaporte o DNI?

I.: Sí.

E.: Sí, sí, sí.

I.: Dame el saco que te lo tengo.

E.: Aquí está.

R.: Muchas gracias.

¿Ha comprendido bien?

¿Verdadero o falso?

		V	F
1	Isabel y Emilio quieren una habitación doble.	☒	☐
2	Isabel quiere una habitación con ducha.	☐	☒
3	Van a dormir cuatro noches.	☒	☐
4	La habitación tiene baño, teléfono y televisión.	☐	☒
5	Todos los días van a almorzar y cenar en el hotel.	☐	☒
6	Por las mañanas pueden desayunar de siete y media a diez.	☒	☐

> Lea las frases a los estudiantes y aclare las dudas de vocabulario. Luego deje que trabajen individualmente.

Secuencias

Ordene el diálogo de cada secuencia.

a
Pues doble.

b
Buenos días. ¿Tiene habitaciones libres?

c
Por supuesto. ¿Individuales o doble?

1. ..b..........
2. ..c..........
3. ..a..........
4. ..d..........

d
Doble.

> Los alumnos han de ordenar frases sacadas del episodio. Pueden hacerlo de manera individual o por parejas. Previamente vuelva a poner el vídeo sin subtítulos.

c
Lo siento, pero con baño no nos quedan. Tendrá que ser con ducha.

b
Para cuatro.

a
¡Ah, bueno, bueno! Está bien, con ducha está bien.

d
¿Para cuántas noches, por favor?

e
Con baño.

1. ..e..........
2. ..d..........
3. ..b..........
4. ..c..........
5. ..a..........

del vídeo ▶▶

a

Y, ¿cuánto cuesta?

b

Sí, sí, por supuesto.

c

Pero, ¿tiene teléfono y televisión?

d

Habitación doble con ducha, televisor y teléfono, son 4.700; por cuatro, ⟨18.800.⟩

1. c
2. .... b
3. .... a
4. .... d

113 euros

---

a

Sí, sí. El comedor está abierto de siete y media a diez de la mañana.

c

El desayuno está incluido, ¿no?

b

Sí, sí, sí.

d

¿Me permiten, por favor, un pasaporte o DNI?

1. c
2. .... a
3. .... d
4. .... b

En grupos de tres, los estudiantes tienen que usar las estructuras anteriores para producir sus propios textos. Motívelos para que aprendan su papel de memoria. Los voluntarios escenificarán su conversación ante la clase. Ponga una tercera vez la secuencia para que se fijen bien en la entonación y pronunciación y las imiten en su representación. Con la práctica, les resultará cada vez más fácil.

Pida a los estudiantes que extraigan de los bocadillos las frases que se emplean para estas funciones comunicativas.

En un hotel.
¿Qué se dice para…?

- **Pedir una habitación.**
- **Describir la habitación.**
- **Informarse de los servicios.**
- **Preguntar el precio.**
- **Preguntar y decir la duración de la estancia.**

En grupos de tres: representen la siguiente situación.

Estudiantes A y B: son una pareja y quieren una habitación doble con televisión en el hotel Dulcesueño.

Estudiante C: usted es el recepcionista del hotel. Atienda a sus compañeros.

ENCUADRE

EL PRESENTE DE INDICATIVO

> Recuerde: "vos" se emplea en lugar de "tú" en algunos países de Hispanoamérica.

1 Recuerde.

VERBOS REGULARES

> En Hispanoamérica se emplea la forma "ustedes" en lugar de "vosotros".

	HABLAR	COMPRENDER	ESCRIBIR
(Yo)	hablo	comprendo	escribo
(Tú/ Vos)	hablas/ hablás	comprendes/ comprendés	escribes/ escribís
(Él/Ella/Usted)	habla	comprende	escribe
(Nosotros/as)	hablamos	comprendemos	escribimos
(Vosotros/as)	habláis	comprendéis	escribís
(Ellos/Ellas/Ustedes)	hablan	comprenden	escriben

VERBOS IRREGULARES

• Verbos con diptongación

	PODER	CERRAR
(Yo)	puedo	cierro
(Tú/Vos)	puedes/podés	cierras/cerrás
(Él/Ella/Usted)	puede	cierra
(Nosotros/as)	podemos	cerramos
(Vosotros/as)	podéis	cerráis
(Ellos/Ellas/Ustedes)	pueden	cierran

Otros verbos: *contar, volver, dormir, jugar… empezar, entender, querer, preferir, sentir, divertirse…*

• Verbos con cambio vocálico

	PEDIR
(Yo)	pido
(Tú/Vos)	pides/pedís
(Él/Ella/Usted)	pide
(Nosotros/as)	pedimos
(Vosotros/as)	pedís
(Ellos/Ellas/Ustedes)	piden

Otros verbos: *repetir, elegir (elijo, eliges...), seguir (sigo, sigues...), vestirse…*

OTROS VERBOS IRREGULARES

	CONDUCIR	CONOCER	DAR	DECIR	ESTAR	HACER	IR
(Yo)	conduzco	conozco	doy	digo	estoy	hago	voy
(Tú/Vos)	conduces/conducís	conoces/conocés	das	dices/decís	estás	haces/hacés	vas
(Él/Ella/Usted)	conduce	conoce	da	dice	está	hace	va
(Nosotros/as)	conducimos	conocemos	damos	decimos	estamos	hacemos	vamos
(Vosotros/as)	conducís	conocéis	dais	decís	estáis	hacéis	vais
(Ellos/Ellas/Ustedes)	conducen	conocen	dan	dicen	están	hacen	van

	PONER	SABER	SALIR	SER	TENER	VENIR	VER
(Yo)	pongo	sé	salgo	soy	tengo	vengo	veo
(Tú/Vos)	pones/ponés	sabes/sabés	sales/salís	eres/sos	tienes/tenés	vienes/venís	ves
(Él/Ella/Usted)	pone	sabe	sale	es	tiene	viene	ve
(Nosotros/as)	ponemos	sabemos	salimos	somos	tenemos	venimos	vemos
(Vosotros/as)	ponéis	sabéis	salís	sois	tenéis	venís	veis
(Ellos/Ellas/Ustedes)	ponen	saben	salen	son	tienen	vienen	ven

primer plano

• **Observar la morfología del presente de indicativo.**

Esta actividad va a permitir a los estudiantes hacer un repaso del presente de indicativo (verbos regulares e irregulares).

• En español hay tres tipos de verbos según la terminación de su infinitivo: *-ar, -er* o *-ir.*
El presente de indicativo: cada verbo tiene formas verbales distintas para cada persona, divididas en raíz y terminación (estas aparecen en rojo en el libro). Para conjugar los verbos, se sustituye la raíz (que se obtiene separando el infinitivo de su terminación) por las terminaciones de cada persona.
Verbos irregulares: se pueden dividir en dos grupos.
• Verbos que sufren una alteración en la última vocal de su raíz (formas *yo, tú, él/ella/usted y ellos/ellas/ustedes*), verbos con diptongación o con cambio vocálico.
• Verbos con irregularidades propias: algunas formas son irregulares y otras no.

Escriba en la pizarra los verbos *habl-**ar**, comprend-**er*** y *escrib-**ir*** descomponiéndolos en raíz y terminación. Debajo, anote las terminaciones de cada forma para que los estudiantes entiendan que la raíz es la parte que no cambia. A continuación, dígales que observen el cuadro de los verbos regulares. Para asegurarse de la comprensión, pídales que conjuguen en presente de indicativo: *trabaj**ar**, com**er*** y *viv**ir**.*

Indique que en varios países de Hispanoamérica, como Argentina y Uruguay, no se emplea la forma *tú,* sino *vos,* ni la forma *vosotros/as,* sino *ustedes.*

También puede recordarles que en español el uso del pronombre sujeto no es obligatorio, al tener cada forma su propia terminación.

Pregunte a la clase qué otros verbos regulares conoce y anótelos en la pizarra.

Escriba ahora *pod-**er*** y *cerr-**ar*** y subraye la *o* y la *e.* Añada debajo las terminaciones de todas las personas. Explique que la *o* y la *e* de la raíz se transforman en *ue* e *ie* respectivamente en las formas *yo, tú, él/ella/usted* y *ellos/ellas/ustedes,* pero que las terminaciones son regulares. Seguidamente, dirija la atención de los estudiantes hacia el cuadro correspondiente. Recalque que *jugar* es el único verbo cuya *u* se cambia en *ue.* Anímelos para que conjuguen *cont**ar**, j**u**gar, emp**e**zar* y *qu**e**rer* en todas las personas. Siga el mismo procedimiento para los verbos con cambio vocálico.
Por último, deje que los alumnos observen el cuadro de los irregulares indicándoles que cada uno tiene su propia irregularidad.

Como consolidación, sugiera a los estudiantes que formen frases sencillas en las que aparezcan algunas de las formas que acaban de ver. Ejemplos: *Hablo inglés y un poco de español. Empezamos las clases a las ocho y media. Por la tarde, vuelves del trabajo a las siete.*

Antes de pasar a la actividad 2 cerciórese de que todos han comprendido bien la formación del presente de indicativo animándolos a que le pregunten cualquier duda.

Actividad 2

• **Comprensión lectora: relacionar frases con ilustraciones.**
• **Comprensión auditiva: extraer información específica y trasladarla a una tabla.**

Deje que los estudiantes observen las ilustraciones y pregúnteles qué profesión u oficio les sugiere cada una. Escriba los nombres en la pizarra. Lea en voz alta las cinco frases y resuelva las dudas de vocabulario. Por último, pida a los alumnos que relacionen cada frase con un profesional.

> **Respuestas:**
> *1. Preparar reuniones. 2. Cuidar a los enfermos. 3. Servir copas. 4. Poner enchufes. 5. Hacer entrevistas.*

Distribuya la clase en parejas y diga a estas que escriban algunas frases sobre el trabajo de cada persona. Recuérdeles que pueden preguntarle vocabulario usando la estructura *¿Cómo se dice ... en español?* Ponga todas las propuestas en común e indique a los estudiantes que las anoten en su cuaderno (para que puedan sacar partido de los conocimientos de sus compañeros).

Realice tres audiciones.
La primera, para que los estudiantes se familiaricen con los diálogos.
La segunda, haciendo pausas después de cada persona, para que les dé tiempo de contestar. Indíqueles que oyen los verbos en primera persona del singular y que tienen que escribirlos en tercera persona. Corrija colectivamente y ponga la cinta de nuevo para comprobar.

Comparen todos juntos las respuestas con las frases propuestas en la fase inicial.

Remita a los estudiantes a la transcripción (página 112), pídales que hagan un listado con todos los verbos que aparecen en la misma y que los clasifiquen según sean regulares o irregulares.

> **Respuestas:**
> 1. *Enfermera: ayuda a los médicos y cuida a los enfermos.*
> 2. *Periodista: viaja, va a conciertos, visita países, hace entrevistas.*
> 3. *Camarero: sirve copas, elige la música.*
> 4. *Secretaria: habla con los clientes, organiza viajes, prepara reuniones, escribe e-mails, redacta informes, recibe a los mensajeros.*
> 5. *Electricista: pone enchufes, hace instalaciones de luz, arregla lámparas.*

Actividad 3

• **Expresión oral: interacción en grupos de cuatro (hablar de su trabajo).**

Solicite un voluntario para leer la instrucción de la actividad y el ejemplo. Aclare las dudas de vocabulario. Seguidamente, deje que los estudiantes se agrupen en cuatro y trabajen. Anímelos a que escriban las frases de sus compañeros.

Recuérdeles que pueden recurrir al diccionario.

Pase por las mesas para ayudar a los alumnos que lo necesiten. Si comprueba muchas dificultades, sugiéreles que se inspiren en los diálogos de la actividad 2.

Por fin, proponga a cada grupo que nombre a dos portavoces para presentar la profesión de cada componente. Dígales que anoten en el encerado las palabras que no conozcan sus compañeros y a estos que las copien en su cuaderno.

Si dos estudiantes ejercen la misma profesión, resultará interesante comparar las presentaciones.

Consolidación: invite a la clase a que clasifique los datos obtenidos en una tabla como esta.

Nombres de profesiones	Actividades realizadas	Adjetivos	Aspectos positivos	Aspectos negativos

primer plano

2 ¿Con qué profesión asocia usted cada una de estas frases?
Escuche la grabación y compruebe. Luego complete el cuadro.

Servir copas.

Poner enchufes.

Hacer entrevistas.

Preparar reuniones.

Cuidar a los enfermos.

Profesión	Actividades que realiza
1.	
2.	
3.	
4.	
5.	

3 En grupos de cuatro. Hablen sobre su trabajo a sus compañeros.
Piensen en los siguientes aspectos:

A qué se dedica.

Qué es lo que más le gusta y lo que menos.

Qué actividades realiza.

*Bueno, yo soy representante. Es un trabajo muy interesante pero un
poco cansado porque viajo mucho. Casi todos los días como en restaurantes y duermo en hoteles. Me encanta porque conozco a mucha gente.
Pero lo que menos me gusta es que veo poco a mi familia.*

SER Y ESTAR

 Observe.

SER	ESTAR
Identificación • ¿Quién es? ◆ Es Isabel. **Profesión** • Isabel es profesora. Pero se dice: Está jubilada. **Nacionalidad y origen** • Isabel es argentina. Es de Buenos Aires. **Relación de pertenencia** • ¿El libro es de Isabel? ◆ Sí, es suyo. **Descripción de personas o cosas** (cualidades/características permanentes) • Isabel es alta. Es muy simpática. • El coche de Emilio es negro. **El precio** • ¿Cuánto es? ◆ Son mil pesetas. **La hora** • ¿Qué hora es? ◆ Son las tres.	**Localización en el espacio** • El hotel está en Madrid. • El libro está sobre la mesa. **Descripción de estados físicos y emocionales** (cualidades/características no permanentes) • Isabel está cansada. • Emilio está enfermo. • Emilio está muy contento. **Estar + gerundio** • Isabel está hablando con el recepcionista. • Emilio está viendo la tele. **Estar de buen/mal humor** • Estos días Isabel está de buen humor. **La fecha** • Hoy es tres de mayo. • Estamos a tres de mayo.

5 **Observe las ilustraciones y forme una frase con *ser* o *estar*.**

1. Está embarazada.

Puede emplear: nervioso, contento, rubio, alto, enfadado, de mal humor…

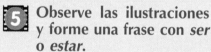

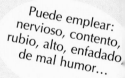

6 **Ahora, escuche la grabación. ¿A qué ilustración corresponde cada conversación?**

a. ● b. ● c. ● d. ● e. ● f. ● g. ● h. ●

primer plano

Actividad 4

• Observar los usos de los verbos *ser* y *estar*.

Centre la atención de los estudiantes en el cuadro y coméntelo. Proporcione más ejemplos.

Usos de ser
Este verbo sirve para identificar, definir (de forma **permanente**).
• Identificación
¿Quién eres?
Soy vuestro profesor.
¿Tú eres David?
• Profesión, ocupación
Soy profesora. Mi hermano es informático. Soy estudiante de español. Christian es periodista.
• Nacionalidad
¿Eres inglesa? Somos brasileños. Mark es alemán. Danièle es francesa.
• Origen
¿De dónde eres? Soy de Roma. Eres de Río de Janeiro.
• Pertenencia
¿De quién es este bolígrafo? ¿Es tuyo? Es de Víctor.
• Descripción de personas
Físico: *Isabel es morena. Emilio es bajo.*
Carácter, personalidad: *Isabel es divertida. Emilio es simpático.*
• Descripción de cosas
Mi coche es azul. El libro es interesante. Nuestra aula es grande.
• Precio
¿Cuánto es todo? Son 10 euros.
• Hora
Es la una y media. Son las tres y cuarto. Son las ocho menos diez.

Usos de estar
Este verbo sirve para situar y definir (de forma **momentánea**).
• Localizar en el espacio
Buenos Aires está en Argentina.
Estamos en la academia de idiomas.
La pizarra está detrás de mi mesa.
• Estados físicos y emocionales: son estados momentáneos, no permanentes.
Estoy enfadado. Estás preocupado. Estoy nervioso.
• Perífrasis verbal *estar* + gerundio: para indicar lo que estamos haciendo en el momento en que hablamos.
Están estudiando español. Estoy explicando el uso de ser y estar. Ustedes me están escuchando.
• Con *de buen/mal humor.*

Recuerde las dos formas de expresar la fecha:
Con *ser*: *Hoy es 20 de mayo.* Con *estar*: se usa la preposición *a*. *Estamos a 20 de mayo.*

Actividades 5 y 6

• **Expresión oral: describir ilustraciones usando sólo *ser* o *estar*.**
• **Comprensión auditiva: relacionar frases con ilustraciones.**

Deje que los alumnos observen los dibujos y realicen la actividad individualmente y en silencio. Pase por las mesas para ayudar cuando sea preciso.
Corrija colectivamente solicitando a los estudiantes que justifiquen su elección. Anote las frases en la pizarra. Ponga la grabación para que comprueben sus respuestas.

Anímelos a que copien las frases en su cuaderno (escribir las palabras ayuda a fijarlas en la memoria).

Consolidación en parejas: un alumno describe una ilustración y su compañero indica el número correspondiente.

Respuestas:
• *1. Está embarazada. 2. Está hablando por teléfono. 3. Está enfermo. 4. Está enfadada. 5. Son las cuatro y media. 6. Está preocupado/nervioso, está contento. 7. Estamos a 19 de abril. Es 19 de abril. 8. Es rubio. Es alto y delgado.*
• *a.4; b.6; c.5; d.1; e.8; f.2; g.7; h.3.*

Actividad 7

• **Expresión oral: describir una ilustración usando sólo *ser* y *estar*.**

Explique a los alumnos el objetivo de la actividad y dígales que trabajen individualmente. A continuación, agrúpelos de dos en dos para que comparen sus respuestas (y que cada uno pueda sacar partido de los conocimientos de su compañero). Circule por el aula para escuchar los comentarios.
Por fin, corrija poniendo todas las respuestas en común.

Proporcione el siguiente vocabulario: *el sofá, la planta, la mesa, las llaves, los juguetes, las flores, llover, el elefante, el reloj de pared, estar tumbada, el calendario, la alfombra, el vestido, la camiseta, los pantalones, las zapatillas.*
Si lo ve necesario, haga un repaso de las preposiciones de lugar: *delante de, detrás de, debajo de, encima de/sobre, al lado de/ junto a, a la izquierda/derecha de.*

Este ejercicio también puede realizarse en parejas.

Consolidación: pida a los estudiantes que observen la ilustración dos minutos más con mucha atención y que después cierren el libro. A continuación, haga afirmaciones (alternando las frases con *ser* y *estar*); ellos tendrán que decidir si son verdaderas o falsas y corregir las incorrectas. Ejemplos: *La planta está al lado de la mesa. El niño es rubio. Las llaves están detrás del calendario. El sofá es verde. El niño está jugando con el elefante. Son las seis.*

> ***Posibles respuestas:***
> • *Son las cinco. Es cinco de mayo. El niño es moreno y delgado. La mujer es alta y delgada; es rubia. La mesa es rectangular. Los juguetes son del niño. El gato es gris. El sofá es azul claro. El vestido de la mujer es blanco estampado. La camiseta del niño es blanca con rayas. Los pantalones del niño son marrones.*
> • *La mujer está embarazada. Está hablando por teléfono. Está tumbada en el sofá. Está lloviendo. El gato está durmiendo. Está en el sofá. El niño está jugando. Las llaves están al lado del teléfono. La planta está debajo del reloj. El sofá está delante de la ventana.*

Ahora, los estudiantes están en condiciones de realizar la actividad 8.

Actividad 8

• **Comprensión auditiva: escucha selectiva de información (escuchar un texto y encontrar errores con relación a una ilustración).**

Plantee la actividad de modo lúdico: proponga a los estudiantes que miren el dibujo y luego lo tapen. Ponga la cinta (dos veces) e invítelos a que trabajen de memoria y anoten los errores en su cuaderno. Corrija colectivamente y realice una última audición para comprobar (o remita a la clase a la transcripción de la página 112).

> ***Respuestas:***
> *El niño no está en su habitación, está en el salón. El niño no está jugando con el ordenador. No es miércoles. No son las cuatro, son las cinco.*

Actividad 9

• **Expresión oral: interacción en grupos de cinco (hacer preguntas y trasladar las respuestas a una tabla).**

Deje que los alumnos formen los equipos. Solicite un voluntario para leer las frases en alto y resuelva cualquier duda de vocabulario. Antes de pedirles que hagan la encuesta, formulen todos juntos las preguntas que han de emplear: *¿Cuál es tu nacionalidad? ¿A qué te dedicas? ¿Cuál es tu principal rasgo de carácter? ¿Eres tímido/a? ¿Estás contento/a? ¿Estás cansado/a?*

Pase por los grupos para comprobar el uso correcto de los verbos *ser* y *estar*. Hable con los alumnos que juzgue más tímidos para que tengan más posibilidades de expresarse. Recuérdeles que para describir la personalidad, pueden usar los adjetivos introducidos en la unidad 0.

Actividad 10

• **Expresión oral: presentar los resultados de una encuesta.**

Por turnos, los estudiantes van dando sus conclusiones pero sin nombrar a las personas, y el resto de la clase intenta identificarlas.
Presente la actividad a modo de juego: ganan los alumnos que más respuestas consigan acertar.

7 Describa esta ilustración utilizando sólo *ser* y *estar*.

Son las cinco.

 8 Ahora, escuche la grabación y localice los errores.

9 En grupos de cinco. Discutan sobre las personas de su grupo y rellenen las casillas.

	1	2	3	4	5	
Son de la misma nacionalidad (cuál).	×	×				...brasileños...
Son... (la misma profesión, cuál).						....
Son... (el mismo rasgo de carácter, cuál).						....
Son altos.						
Son rubios.						
Son delgados.						
No son tímidos.						
En este momento están contentos.						
En este momento están un poco cansados.						

 10 Ahora, presenten los resultados al resto de la clase. Sus compañeros tienen que decir de qué personas se trata.

• *Dos estudiantes de nuestro grupo son brasileños.*

♦ *Creo que son Mario y Joana.*

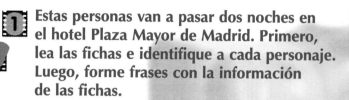

1 Estas personas van a pasar dos noches en el hotel Plaza Mayor de Madrid. Primero, lea las fichas e identifique a cada personaje. Luego, forme frases con la información de las fichas.

Miguel
Desempleado.
Edad: 21 años.
Personalidad: muy tímido y reservado.
Estado anímico: muy nervioso y preocupado.
Motivo de la estancia: una entrevista de trabajo.

Luisa y Ramón
Jubilados.
Edad: 79 años.
Costumbres: echarse la siesta, pasear.
Estado físico: un poco cansados.
Motivo de la estancia: ver a un médico.

Mamen y Paula
Secretarias en una empresa de informática.
Edad: 26 y 28 años.
Personalidad: dinámicas y extrovertidas.
Motivo de la estancia: visitar el salón Expointernet y salir por las noches.

Lola, Ángeles, Manuel y Emilio
Estudiantes.
Edad: entre 20 y 25 años.
Personalidad: divertidos y marchosos.
Motivo de la estancia: visitar Madrid y divertirse por las noches.

Víctor
Hombre de negocios.
Edad: 35 años.
Personalidad: exigente y serio.
Motivo de la estancia: asistir mañana a una reunión muy importante.

Los cuatro amigos son estudiantes. Tienen entre 20 y 25 años. Son divertidos y marchosos. Están en Madrid para visitar la ciudad. Por las noches quieren divertirse: ir al cine, a las discotecas…

• Comprensión lectora: leer fichas y emparejarlas con ilustraciones.
• Comprensión auditiva: formar frases usando la información anterior e imitando un modelo.

Motivación
Distribuya a los estudiantes en parejas, llame su atención sobre las fotos y explíqueles que todas estas personas van a pasar dos noches en un hotel de Madrid. Propóngales que las describan (físico, estado de ánimo, ocupación, dónde están, qué están haciendo) y que luego intenten adivinar el motivo de su estancia. Ponga las respuestas en común y escriban todos juntos una presentación definitiva de cada persona.

A continuación, pida a cinco voluntarios que lean una ficha cada uno y explique el sentido de las palabras nuevas. Invite a la clase a comparar la información con su presentación inicial. ¿En qué coinciden?
Anime a los estudiantes a redactar un pequeño texto para cada persona, imitando el del libro. Luego, dígales que se lo lean a su compañero y lo mejoren juntos.
Corrija colectivamente y escriban todos una nueva presentación teniendo en cuenta las mejores sugerencias (procure elegir al menos dos o tres de cada alumno, para aumentar su motivación).

Posibles respuestas:
a. Mamen y Paula son secretarias. Son jóvenes, tienen veintiséis y veintiocho años. Están en Madrid para visitar un salón de internet y salir por las noches.
b. Los cuatro amigos son estudiantes. Tienen entre veinte y veinticinco años. Son divertidos y marchosos. Están en Madrid para visitar la ciudad. Por las noches quieren divertirse: ir al cine, a las discotecas...
c. Víctor es un hombre de negocios. Tiene treinta y cinco años. Es exigente y serio. Está en Madrid para asistir a una reunión importante. Tiene que trabajar en su habitación.
d. Luisa y Ramón son mayores, están jubilados. Tienen setenta y nueve años. Les gusta echarse la siesta. Están muy cansados. Están en Madrid para ver a un médico.
e. Miguel es joven, tiene veintiún años. No tiene trabajo. Es tímido y reservado. Está nervioso y preocupado. Está en Madrid para hacer una entrevista de trabajo.

Variante: sugiera a los estudiantes que, en parejas, inventen una conversación a partir de uno de los personajes. Uno de los componentes hará de entrevistador y el otro contestará a las preguntas. Ejemplos:
• ¿Cómo se llama?   – Me llamo Víctor.
• ¿Cuántos años tiene?   – Treinta y cinco.
• ¿Por qué ha venido a Madrid?   – Porque mañana tengo una reunión importante.

Actividad 2

• **Comprensión auditiva: escucha selectiva (contestar a preguntas).**

Antes de poner la cinta tres veces, diga a un voluntario que lea las tres preguntas en alto.
Primera audición, para que los estudiantes se familiaricen con el diálogo.
Segunda audición, para que contesten.
Corrija colectivamente y realice una última audición para comprobar.

Respuestas:
a. Doble, con baño y tele.
b. Una habitación con ducha.
c. 52 euros por noche.

Variante
También puede pedir a los alumnos que, antes de escuchar la conversación, intenten anticipar su contenido.

Actividad 3

• **Expresión oral: asignar habitaciones a los clientes de un hotel.**

Lea la instrucción de la actividad en alto y asegúrese de que todos los estudiantes la entienden.
Seguidamente, forme los grupos e invítelos a trabajar por escrito. Pase por las mesas para comprobar la ortografía y ayudar a los alumnos que lo necesiten.
Corrija el ejercicio pidiéndoles que razonen su elección, como en el modelo.

Si lo desea, antes de pasar a la corrección, puede sugerir a los grupos que intercambien su trabajo y lo comparen.

Posibles respuestas:
• *Luisa y Ramón: la habitación junto al jardín. Son mayores, están enfermos y necesitan tranquilidad.*
• *Miguel: la otra habitación de la planta baja porque es individual.*
• *Víctor: la habitación encima de la de Luisa y Ramón, porque tiene mesa de trabajo.*
• *Mamen y Paula: la otra habitación de la primera planta porque tiene dos camas.*
• *Los cuatro amigos: las dos habitaciones con el salón en común, porque pueden reunirse en él. Una para las chicas y otra para los chicos.*

Actividad 4

Forme los grupos y deles unos minutos para que redacten las conversaciones. Circule por el aula para responder a las dudas. Si comprueba dificultades, remita a los alumnos a la transcripción de la conversación anterior (página 113) y sugiérales que la tomen como modelo.

Para que los estudiantes se expresen con más fluidez y naturalidad, anímelos a que se aprendan su papel de memoria y procuren no leer sus apuntes durante la representación. Explíqueles asimismo que han de actuar con la entonación más adecuada posible.
Luego, escriban juntos otros dos diálogos teniendo en cuenta todas las propuestas. (Para que todos puedan sacar partido de las producciones de sus compañeros.)

Si dispone de una cámara, grábelos para que luego puedan apreciar sus progresos y autoevaluarse.

Posibles respuestas:

Diálogo 1	Diálogo 2
– Buenos días. ¿Tiene habitaciones libres?	– Buenos días. ¿Tiene habitaciones libres?
• Sí, ¿cómo la quiere?	• Sí, ¿cómo las quieren?
– Pues doble. Y muy tranquila, por favor.	– Pues dos dobles.
• ¿Para cuántas noches?	• ¿Para cuántas noches?
– Para dos.	– Para dos.

Ampliación: centre la atención de los estudiantes en la ilustración y pídales que describan alguna habitación. Si resulta necesario, proporcione el siguiente vocabulario: *la cama, la sábana, la manta, la colcha, la almohada, el armario, la mesilla de noche, el sillón, la silla, la mesa, la ducha, la ventana, la puerta, los cuadros, la planta baja, la primera/segunda planta.*
También puede remitir a los alumnos al vocabulario que aparece en la página 26 con variantes de Hispanoamérica.

primer plano

2 Son las siete de la tarde. Mamen y Paula llegan al hotel. Escuche la conversación y conteste a las preguntas.

a. ¿Cómo quieren la habitación?
b. ¿Qué habitación les da el recepcionista?
c. ¿Cuánto vale?

3 El Plaza Mayor es un hotel pequeño de ambiente familiar de siete habitaciones. Ustedes trabajan en él. Observen su distribución. ¿Qué habitación van a dar a cada persona? ¿Por qué?

- *Vamos a dar la habitación junto al jardín a Luisa y Ramón, porque es muy tranquila.*
- *Sí, Luisa y Ramón son mayores y necesitan tranquilidad.*

4 Ahora van a escenificar dos conversaciones en el hotel.

En grupos de tres:

| **Estudiantes 1 y 2.** Luisa y Ramón llegan al hotel y piden una habitación. | **Estudiante 3.** Usted es el recepcionista del hotel. |

En grupos de cinco:

| **Estudiantes 1 a 4.** El grupo de cuatro amigos llega al hotel y pide las habitaciones. | **Estudiante 5.** Usted es el recepcionista del hotel. |

aprendiendo
EL GUIÓN

◀◀   ▶▶

Pedir la habitación

| • ¿Tienen habitaciones libres? | ◆ Por supuesto. ¿Cómo la quiere?

Describir la habitación

| • (Habitación) | individual / doble | de (no) fumador / exterior | con | baño completo, ducha, televisión.

Informarse de los servicios

| • ¿La habitación tiene | teléfono? / televisión?

| • ¿El desayuno está incluido? | ◆ Sí./No.
| • ¿A qué hora abren el comedor? | ◆ De siete a diez y media.
| • ¿Cuánto cuesta? | ◆ (Son) 8.000 ptas./48 euros.

Preguntar e indicar la duración de la estancia

| • ¿Para cuántas noches? | ◆ Para | cuatro. / una semana.

Pedir la documentación

| • ¿Me permite su pasaporte o DNI? | ◆ ¡Cómo no!

aquí y allá

1. El edredón
   El acolchado (Arg.)
2. La mesilla (de noche)
   La mesita (Arg.)
3. El armario
   El ropero, el armario (Méx.)
4. La ducha
   La regadera (Méx.)

5. El grifo
   La canilla, el pico (Arg.)
   La llave del agua (Méx.)
6. El lavabo
   La pileta de baño (Arg.)
7. El interruptor
   La llave de luz (Arg.)
8. La bañera
   La bañadera, la bañera (Arg.)
   La tina de baño (Méx.)

9. El cojín
   El almohadón pequeño (Arg.)
   El cojín, la almohada (Méx.)
10. La bombilla
    El foco, la lámpara (Arg.)
    El foco (Méx.)
11. La moqueta
    La alfombra (Arg.)

Tareas en Internet

Buscando alojamiento

Adelante   Detener   Actualizar   Inicio   Búsqueda   Favoritos   Correo   Imprimir

http://www.tourspain.es   ▼   ➚ Ir a

Situación: usted busca un alojamiento con un precio concreto y unas características determinadas.

Escoja el sitio http://www.tourspain.es.

Elija el idioma español seleccionando la bandera de España.

(1) En la página principal seleccione Hoteles
- ¿Qué categorías de alojamiento le ofrecen? ¿Qué diferencias hay entre ellas?
- En el mapa, acceda a la comunidad adonde usted quiere ir.

(2) Seleccione la ciudad y el hotel según sus preferencias
- Indique:
  - la ciudad
  - la clase de hotel: 1, 2, 3, 4 ó 5 estrellas
  - el precio: menos de 10.000 ptas. (60 euros)
  - los servicios que desea: sitio céntrico, piscina, etc.
- Haga clic en **Buscar**.

(3) Decida en qué hotel alojarse. Pulse sobre los diferentes hoteles y conteste
- El precio.
  - ¿Qué diferencia de precios hay entre las temporadas alta, media y baja?
  - ¿Cuesta lo mismo una habitación doble que una individual?
  - ¿Está incluido el IVA?
- Los servicios.
  - ¿Qué servicios le proponen? Si no lo sabe, pulse en el botón **?** (de ayuda).

(4) Escoja el hotel que le conviene y apunte la dirección

Para saber más...

Sitúe el hotel en el plano

- Vaya a **paginas-amarillas.es** y accione **Callejero de tu ciudad**.

- Indique la ciudad y la provincia. Escriba el nombre de la calle y dé a **Buscar**.

Internet

PIDIENDO INFORMACIÓN EN UNA OFICINA DE TURISMO

Comente el título para situar la secuencia.

Comente que en España se tutea mucho.

– ¿Y qué queréis ver? ¿Museos, exposiciones, parques, monumentos...?

– Ándele, todo eso, todo eso.

¡Ándele! (Méx.) = ¡Sí, sí!

Aproveche las fotos para introducir vocabulario. Pregunte a los estudiantes si han estado en Madrid y si conocen estos lugares.

el Palacio Real, que es muy bonito.

Local de música española

Museo del Prado

Parque del Retiro

Resuelva las dudas de vocabulario. Luego ponga el vídeo las veces que sean necesarias.

La Oficina de Turismo se encuentra en la Plaza Mayor de Madrid

Plaza Mayor

Restaurante al aire libre

Entrando en materia

Isabel y Emilio quieren conocer Madrid. Observe las fotos y organice su visita.
Clasifique las ofertas.

- Cultura. **2**
- Gastronomía. **4**
- Diversión. **1**
- Paseos. **3**

Empleada: Buenos días.

Emilio: Buenos días. Oiga, queríamos información de todo lo que se puede hacer aquí en Madrid.

Emp.: ¿Y qué queréis ver? ¿Museos, exposiciones, parques, monumentos...?

E.: Ándele, todo eso, todo eso.

Isabel: Sí, y además cines, terrazas, discotecas, pubs con mucha marcha y...

Emp.: Ya, ya, ya. Entiendo. Vamos a ver, aquí tenéis un folleto con los principales museos: el Museo del Prado, el Thyssen, el Centro de Arte Reina Sofía, el Museo de la Ciudad, que presenta la historia de Madrid, el Museo de Ciencias Naturales, el Museo de Cera, el Palacio Real, que es muy bonito, también podéis ver... Podéis visitar el Parque del Retiro, la estación de Atocha, que tiene un jardín de plantas tropicales precioso; al lado están los jardines del Real Jardín Botánico, que también estos son dignos de ver... Y, por supuesto, dar un paseo por el centro de Madrid: visitar la Puerta del Sol, la Gran Vía, la Plaza Mayor...

E.: Oiga, y todas esas direcciones están aquí, ¿verdad?

Emp.: Por supuesto. Con los horarios y los precios. Detrás tenéis también un plano de Madrid y un pequeño plano de la red de metro.

I.: ¿Y para salir de noche... así?

Emp.: No os preocupéis, aquí en Madrid hay muchos sitios para pasárselo bien. Os voy a dar esta guía del ocio con las direcciones y los teléfonos de restaurantes, discotecas, pubs, locales de... de conciertos, boleras...

¡Bárbaro! (Arg.) = ¡Genial!

I.: ¡Bárbaro!

Emp.: En fin...

E.: Oiga, pues muchas gracias, ¿eh?

Emp.: De nada.

[E.: Oye, me dijeron...]

¿Ha comprendido bien?

¿Verdadero o falso?

		V	F
1	Emilio quiere conocer todo Madrid.	☒	☐
2	A Isabel no le gusta salir por la noche.	☐	☒
3	La empleada les da un folleto con los principales museos, monumentos y parques de la capital.	☒	☐
4	Para poder localizar todos estos lugares tienen que comprar un plano de la ciudad.	☐	☒
5	En Madrid hay muchos locales para salir por la noche.	☒	☐

Secuencias

Ordene el diálogo de cada secuencia.

a
Oiga, queríamos información de todo lo que se puede hacer aquí en Madrid.

b
Ándele, todo eso, todo eso.

c
¿Y qué queréis ver? ¿Museos, exposiciones, parques, monumentos...?

1. ...a...
2. ...c...
3. ...b...
4. ...e...
5. ...d...

d
Vamos a ver, aquí tenéis un folleto con los principales museos: el Museo del Prado, el Thyssen, el Centro de Arte Reina Sofía, el Museo de la Ciudad...

e
Sí, y además cines, terrazas, discotecas, pubs con mucha marcha...

b

No os preocupéis, aquí en Madrid hay muchos sitios para pasárselo bien.

a

Por supuesto. Con los horarios y los precios.

1. ..... d
2. ..... a
3. c
4. ..... b

c

¿Y para salir de noche?

d

Oiga, y todas esas direcciones están aquí, ¿verdad?

a

De nada.

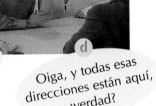

b

Oiga, pues muchas gracias, ¿eh?

1. ..... b
2. ..... a

Motive a los estudiantes para que recojan las frases por escrito en su cuaderno.

Actividad de interacción muy sencilla y de breve duración. Permite ampliar la cooperación entre estudiantes. Antes de pasar a la escenificación, proponga a cada pareja que compare su trabajo con el de otra pareja y, luego, lo mejoren juntas.

¡A escena!

En una oficina de turismo.
¿Qué se dice para…?

- **Pedir información.**
- **Facilitar una información.**

En parejas: representen la siguiente situación.

Estudiante A: usted es un turista y está en la ciudad del estudiante B. Va a la oficina de turismo a pedir información sobre los museos, galerías, restaurantes y locales para salir por la noche.

Estudiante B: trabaja en la oficina de turismo. Atienda a su compañero/a.

EL PRETÉRITO INDEFINIDO

 Observe.

En Hispanoamérica, se emplea más el pretérito indefinido que el pretérito perfecto.

VERBOS REGULARES

	HABLAR	COMPRENDER	SUBIR
(Yo)	hablé	comprendí	subí
(Tú/Vos)	hablaste	comprendiste	subiste
(Él/Ella/Usted)	habló	comprendió	subió
(Nosotros/as)	hablamos	comprendimos	subimos
(Vosotros/as)	hablasteis	comprendisteis	subisteis
(Ellos/Ellas/Ustedes)	hablaron	comprendieron	subieron

VERBOS IRREGULARES

	ESTAR	HACER	TENER		DAR	IR/SER
(Yo)	estuve	hice	tuve		di	fui
(Tú/Vos)	estuviste	hiciste	tuviste		diste	fuiste
(Él/Ella/Usted)	estuvo	hizo	tuvo		dio	fue
(Nosotros/as)	estuvimos	hicimos	tuvimos		dimos	fuimos
(Vosotros/as)	estuvisteis	hicisteis	tuvisteis		disteis	fuisteis
(Ellos/Ellas/Ustedes)	estuvieron	hicieron	tuvieron		dieron	fueron

- **Son irregulares porque cambian la raíz y algunas terminaciones.**
- **Tienen irregularidades propias.**

USOS DE LOS PASADOS. El pretérito indefinido y el pretérito perfecto se emplean con estos marcadores temporales.

Pretérito indefinido
- anteayer / ayer / anoche
- la semana pasada
- el año / mes / verano pasado
- el otro día, el lunes / martes…
- hace un / dos… día(s) / mes(es) / año(s)
- en marzo / abril / mayo… en 1992
- el 14 de febrero

Pretérito perfecto
- hoy
- esta mañana / semana / tarde...
- este fin de semana
- este mes / año…
- nunca
- todavía no, aún no

EL PRETÉRITO PERFECTO

VERBO *HABER* + PARTICIPIO

Recuerde cómo se forma el pretérito perfecto.

REPASO REPASO REPASO

(Yo)	he	
(Tú/Vos)	has/habés	
(Él/Ella/Usted)	ha	hablado
(Nosotros/as)	hemos	+ comido
(Vosotros/as)	habéis	salido
(Ellos/Ellas/Ustedes)	han	

Participios irregulares

abierto	(abrir)	puesto	(poner)
dicho	(decir)	roto	(romper)
escrito	(escribir)	visto	(ver)
hecho	(hacer)	vuelto	(volver)

• **Observar la morfología del pretérito indefinido y revisar la del pretérito perfecto.**
• **Observar los usos de los pasados.**

Llame la atención de los estudiantes sobre el cuadro de las formas regulares y coméntelo. Hágales notar que los verbos terminados en *-er* y en *-ir* se conjugan igual.

Como ejercicio de consolidación, pídales que conjuguen los siguientes verbos:
• Terminados en *-ar*: trabajar, escuchar.
• Terminados en *-er*: responder, entender.
• Terminados en *-ir*: escribir, vivir.

Deje ahora que observen los verbos irregulares, siguiendo el mismo procedimiento que anteriormente.

Proponga a los alumnos que construyan frases en las que aparezcan estas formas y usando las referencias temporales *ayer* y *la semana pasada*. Ejemplos:
• *Ayer fui a casa de un amigo.*
• *La semana pasada tuvimos mucho trabajo.*
• *Ayer viste una película muy interesante.*

Por último, explique el contraste de uso pretérito indefinido/pretérito perfecto.

El **pretérito indefinido** se usa para indicar acciones o sucesos pasados que no tienen relación con el presente. Por eso, va acompañado de referencias temporales que no incluyen el presente: *hace dos años, el otro día, en 1998, en abril, el verano pasado, ayer, antes de ayer...*

El **pretérito perfecto** sirve para hablar de acciones o sucesos pasados situados en una unidad de tiempo en que está incluido el hablante. Por eso, se usa con marcadores que comprenden el presente: *hoy, esta semana, este mes, este año, todavía no* (el presente está incluido en estas unidades de tiempo). También lo acompañan las referencias **este** *fin de semana,* **estas** *vacaciones,* **este** *verano.*
Recuerde a los estudiantes que
• Sólo se usa el auxiliar *haber*.
• El participio pasado es invariable y nunca debe separarse del auxiliar.

Deles frases incompletas y pídales que las terminen conjugando los verbos en el tiempo correspondiente a la referencia temporal. Ejemplos:
Esta mañana, José...; Anteayer, yo...; En abril, tú...; Este fin de semana, Isabel y Emilio...; Julio todavía no...; El lunes pasado, yo...; Anoche, Mario...; El verano pasado, nosotros...

Indique que en el norte de España, sobre todo en Galicia y Asturias, es más frecuente el pretérito indefinido.

Subraye que en Hispanoamérica las normas que rigen el empleo del perfecto y del indefinido no coinciden exactamente con las del español peninsular. Es más frecuente el pretérito indefinido.

Libro del profesor

Actividad 2

• **Relacionar frases en pretérito perfecto e indefinido con marcadores temporales.**

Deje que los alumnos trabajen individualmente y en silencio. Dirija su atención hacia los marcadores temporales. Haga la corrección colectivamente del siguiente modo: pida a un voluntario que lea cada frase y a la clase que indique en qué tiempo va conjugado el verbo. Luego, pregúnteles con qué referencia la asocian.

Esta actividad también puede realizarse en parejas: por turnos, un estudiante dice las frases y su compañero el marcador correspondiente.

Respuestas:
a.2; b.7; c.1; d.5; e.4; f.6; g.3.

Actividades 3 y 4

Invite a los estudiantes a observar las ilustraciones y pregúnteles qué actividad les sugiere cada una. Precise que se trata de lo que han hecho hoy Isabel y Emilio. Escriba los verbos en la pizarra. A continuación, agrupe a la clase en parejas y diga a estas que escriban unas cuantas frases sobre los dibujos.

Solicite un voluntario para leer el texto en voz alta. Seguidamente, anime a los alumnos a que lo comparen con el que ellos han escrito. Por fin, pídales que justifiquen el uso del pretérito perfecto.

A continuación, llame su atención sobre la instrucción de la actividad 4 y deje que trabajen individualmente y por escrito. Circule por el aula para atender cualquier consulta y comprobar que conjugan correctamente los verbos.

Sugiera a cada estudiante que lea sus frases al compañero más cercano y las mejoren juntos.

Actividad 5

• **Comprensión auditiva: escuchar para obtener información específica.**

Ponga la grabación (las veces que resulten necesarias) para que los estudiantes puedan comprobar sus respuestas.

Consolidación: remita a los alumnos a la transcripción de la página 113 y solicite voluntarios para hacer una lectura de la misma con la entonación y expresividad más adecuadas.
Luego, pida a la clase que localice las formas en pretérito indefinido e indique los infinitivos correspondientes. Anótelos en el encerado. Por fin, anime a los estudiantes a que conjuguen estos verbos en todas las personas.

Respuestas:
Véase la transcripción, página 113.

Actividad 6

• **Expresión oral: interacción en parejas (contar un fin de semana).**

Lean todos juntos el contenido de los cuadros y aclare las dudas de vocabulario.

Si lo desea, pida a los alumnos que amplíen la lista de actividades. Ejemplos: *Jugar al tenis. Visitar a un amigo. Ir de compras. Trabajar. Hacer los ejercicios de español. Jugar con los niños. Mandar un e-mail. Comer con la familia. Ir al supermercado.*

Deje que los estudiantes formen las parejas y, antes de que inicien la actividad, anímelos a que usen preguntas como estas: *¿Qué hiciste el sábado por la mañana? ¿A qué hora? ¿Con quién?* Cópielas en la pizarra para que las tengan a la vista.

Circule por el aula para comprobar que los estudiantes usan correctamente los tiempos verbales.

Por último, anime a los voluntarios a que presenten las actividades de su compañero ante la clase.

Consolidación: pida a los estudiantes que amplíen sus respuestas. Ejemplos:
• A los que comieron en el restaurante: qué comieron.
• A los que fueron al cine: qué película vieron, a qué hora volvieron a casa.
• A los que navegaron por Internet: qué sitios visitaron.

Actividad 7

• **Comprensión auditiva: extraer información específica.**

Ponga la grabación tres veces.
Primera audición, para que los estudiantes se familiaricen con el diálogo.
Segunda audición, para que tomen nota de las actividades. Explíqueles que no es necesario escribir la frase entera, sino las palabras clave que permitan luego reconstruirla. Ejemplo: *El día cuatro fui al teatro con unos amigos. > 4 - teatro - amigos.*
Corrija colectivamente y realice una última audición para comprobar.

Consolidación: remita a los alumnos a la transcripción (página 113). Pídales que localicen todos los verbos en pretérito indefinido y los conjuguen en todas las personas.

Respuestas:
• *Raquel fue al teatro y vio a Pedro Almodóvar por la calle.*
• *César se compró una moto e hizo puenting.*
• *Natalia hizo un viaje a Japón.*
• *La mujer de Jesús tuvo una niña.*

2 Relacione.

a. He comido con Luis.
b. Estuvimos en Brasil.
c. Cenaron en casa de José.
d. He tenido mucho trabajo.
e. Lola y Felipe se casaron.
f. Ha llamado Concha.
g. Fuiste al cine.

1. Anoche.
2. Este mediodía.
3. El sábado después de cenar.
4. El 18 de marzo de 1998.
5. Esta semana.
6. Hace un rato.
7. El verano pasado.

3 Lea el texto.

Hoy es domingo por la noche. Isabel y Emilio están muy cansados porque **han hecho** muchas cosas: **han visitado** el Centro de Arte Reina Sofía, **han comido** en un restaurante típico, **han paseado** por el Parque del Retiro, **han visto** una película en tres dimensiones en el Imax y, finalmente, después de cenar **han tomado** unas copas en una terraza.

4 El lunes por la mañana, Isabel y Emilio hablan con un cliente del hotel. Le comentan lo que hicieron el día anterior.

Imagine cómo lo cuenta Emilio.

Ayer hicimos muchas cosas...

5 Ahora, escuche la grabación y compruebe.

6 En parejas. Hablen sobre lo que hicieron el fin de semana pasado. Pueden utilizar esta información.

¿Con quién?
• Solo/a
• Con unos amigos
• Con unos familiares
• Con un compañero de trabajo

¿Cuándo?
• Por la mañana/tarde/noche
• A las ocho, a las dos...
• Antes de.../Después de...
• Primero, luego, después

Actividades
• Levantarse pronto/tarde
• Escuchar música/Ver la tele
• Ir a una fiesta/al cine/de copas
• Reunirse con la familia

• Navegar por Internet
• Aburrirse
• Comer/Cenar en el restaurante
• Ir al gimnasio/Hacer deporte

• Quedarse en casa
• Descansar
• Llamar a un amigo
• Pasear

• *Yo, el sábado, comí en un restaurante japonés.*　　　◆ *Ah... ¡Yo también!*

7 Escuche a Raquel, César, Natalia y Jesús y tome notas de lo que hizo cada uno el mes pasado.

HAY/ESTÁ(N)

8 **Observe.**

* ¿Dónde **está** el Museo del Prado?
* ¿Dónde **están** las direcciones?

◆ El Museo del Prado **está** en Madrid.
◆ Las direcciones **están** en la guía.

* ¿Qué **hay** en la Plaza Colón?
* ¿Dónde **hay** un restaurante gallego?
* ¿**Cuántos** cines **hay** en la Gran Vía?
* ¿En Madrid **hay muchos** museos?
* ¿**Hay** cuadros de Goya en el Prado?
* ¿**Hay algún** museo cerca de esta plaza?
* ¿**Hay alguna** cabina por aquí?

◆ **Hay** un museo. / **Hay** una biblioteca.
◆ **Hay uno** en la calle Serrano.
◆ **Hay** dos / tres... cines.
◆ Sí, y **muchas** galerías de arte.
◆ Sí, **hay** cuadros de Goya y de Velázquez.
◆ Sí, **hay uno**. / No, no **hay ninguno**.
◆ Sí, **hay una** allí. / No, no **hay ninguna**.

9 **Escuche los diálogos y observe el plano.**

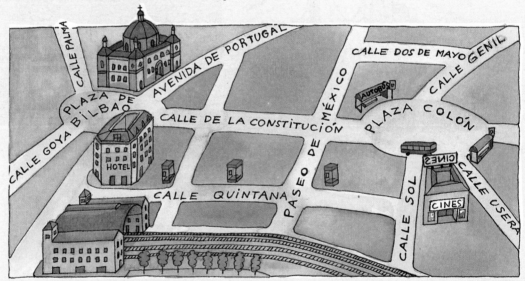

Estudiante A

Sitúe en la Plaza Colón: un museo, una farmacia, un aparcamiento subterráneo. **Y en cualquier lugar del plano:** dos restaurantes, el cine Olimpia, dos teatros.

Ahora, haga estas preguntas a su compañero y sitúe los locales en el plano.

* ¿Dónde está la plaza de toros?
* ¿Hay algún parque?
* ¿Cuántas cabinas de teléfono hay? ¿Dónde están?
* ¿Dónde están las paradas de autobús?
* ¿Qué hay en la plaza de Bilbao?

Estudiante B

Haga las siguientes preguntas a su compañero y sitúe los locales en el plano.

* ¿Dónde está el cine Olimpia?
* ¿Cuántos restaurantes hay? ¿Dónde están?
* ¿Hay alguna cafetería en este barrio?
* ¿Qué hay en la Plaza Colón?
* ¿Dónde están los teatros?

Sitúe en la plaza de Bilbao: una cafetería, una estación de metro, una biblioteca. **Y en cualquier lugar del plano:** un parque, tres cabinas de teléfono, dos paradas de autobús, una plaza de toros.

Actividad 8

• **Observar el contraste de uso *hay/está(n)*.**

Llame la atención de los estudiantes sobre el cuadro y coméntelo. Hágales observar que:
• *Está(n)* se usa con los artículos determinados *(el, la, los, las)* para localizar en el espacio.
• *Hay* sirve para hablar de la existencia de algo. Es una forma irregular del verbo *haber* y es invariable *(Hay un libro / hay unos libros)*.
Indíqueles asimismo que *algún/alguna* se emplean en frases afirmativas y *ningún/ninguna* en negativas.

Actividad 9

• **Comprensión auditiva: escuchar y localizar.**

Motivación
Pida a los alumnos que observen la ilustración. Para poner en práctica lo anterior, hágales preguntas del tipo: *¿Dónde está el autobús? ¿Hay algún teatro en este barrio? ¿Qué hay en la plaza de Bilbao? ¿Dónde está la estación? ¿Hay estaciones de metro? ¿Cuántas plazas hay?* Anímelos a formular también algunas.

Ponga la cinta dos veces.
Primera audición, para que se familiaricen con los diálogos.
Segunda audición, para que localicen en el plano los elementos mencionados.

Consolidación
Remítales a la transcripción (página 113) y léanla todos juntos. Escriba en la pizarra las frases con *hay* y *está(n)* y comente su uso remitiendo a la clase al cuadro anterior.

Actividad 10

• **Expresión oral: interacción en parejas (preguntar por la existencia de lugares y localizarlos).**

Distribuya a los alumnos en parejas y deje que lean la instrucción. Resuelva las dudas de vocabulario. Para asegurarse de la comprensión, ejemplifique la actividad con un estudiante tomando como muestra el *cine Olimpia*. Pase por los grupos para escuchar las producciones. No dude en parar la realización del ejercicio en caso de que tenga que dar explicaciones que puedan resultar útiles para toda la clase.

Los que terminen antes podrán repetir el ejercicio cambiando de papel y pareja.

Corrija del siguiente modo: reproduzca el cuadro que aparece a continuación en la pizarra y diga a los estudiantes que lo copien en su cuaderno.

ESTÁ(N)				HAY			
el	la	los	las	+ número	ninguna	un/una	plural

Haga usted mismo las preguntas y pida a los alumnos que contesten oralmente y luego anoten las respuestas en las casillas correspondientes.

Actividad 11

• **Observar el uso del relativo** *que*.

Invite a los estudiantes a que lean las dos frases y coméntelas llamando su atención sobre las palabras en negrita.
Precise que:
• Este relativo es invariable.
• El verbo de su frase va conjugado en la misma persona que el antecedente (es decir, la palabra a la que sustituye el relativo).
Ayer visitamos un museo de pintura que está en el centro de Madrid. El antecedente es *un museo de pintura*, por eso el verbo *está* va conjugado en tercera persona del singular.
• Se usa tanto para personas como para cosas.

Actividad 12

• **Expresión escrita: transformar frases según un modelo.**

Lea el ejemplo con los alumnos y deles unos minutos para que trabajen individualmente y por escrito. Pase por las mesas para comprobar las producciones y valorar las frases correctas. Si comprueba dificultades importantes, pare la realización del ejercicio y aclare las dudas.
Corrija colectivamente.

Antes de pasar a la corrección, proponga a los alumnos que comparen sus respuestas con las del compañero más próximo.

> **Respuestas:**
> 1. El lunes comí en un restaurante que sirve platos típicos de Madrid.
> 2. En el Prado vi un cuadro que es muy bonito.
> 3. Luego fui al cine que está en la Gran Vía.
> 4. Vimos una película que duró tres horas.
> 5. El lunes cené en casa de unos amigos que viven cerca del Parque del Retiro.
> 6. Han comprado unas postales que muestran el casco antiguo.

Actividad 13

• **Comprensión auditiva: identificar personajes y cosas a partir de ciertos datos.**

Pida a la clase que trabaje oralmente. Ponga la cinta parándola después de cada frase para que los estudiantes tengan tiempo de contestar.

Esta actividad también puede realizarse en grupos: primero cada componente da su respuesta y deciden juntos cuál es la correcta. Luego, los grupos presentan sus propuestas al resto de la clase y se discuten.

> **Respuestas:**
> 1. Pedro Almodóvar.
> 2. Una máquina de escribir, un ordenador.
> 3. México.
> 4. La paella.
> 5. La Torre Eiffel.
> 6. Las Islas Baleares.

Actividad 14

• **Expresión escrita en pequeños grupos: redactar definiciones en las que aparezca el relativo** *que*.
• **Expresión oral: presentar las frases anteriores.**

Explique a los estudiantes el objetivo de la actividad haciendo hincapié en el uso obligatorio del relativo *que*. A continuación, deje que se agrupen de tres en tres y busquen definiciones. Pase por los grupos para proporcionarles el vocabulario que necesiten.

Para que todos los alumnos puedan sacar partido de los conocimientos de sus compañeros, anímelos a que copien las frases en su cuaderno.

Si varios grupos han elegido un mismo objeto o personaje, puede resultar interesante comparar las definiciones.

EL RELATIVO "QUE"

 Observe.

Ayer visitamos un **museo de pintura**.
Este **museo** está en el centro de Madrid.

Ayer visitamos un **museo de pintura que** está en el centro de Madrid.

Museo del Prado. MADRID.

 Transforme las siguientes frases como en el modelo.

1. El lunes comí en un restaurante. Este restaurante sirve platos típicos de Madrid.

   El lunes comí en un restaurante que sirve platos típicos de Madrid.

2. En el Prado vi un cuadro. El cuadro es muy bonito.

   ....

3. Luego fui al cine. El cine está en la Gran Vía.

   ....

4. Vimos una película. La película duró tres horas.

   ....

5. El lunes cené en casa de unos amigos. Estos amigos viven cerca del Parque del Retiro.

   ....

6. Han comprado unas postales. Las postales muestran el casco antiguo.

   ....

 Escuche. ¿De qué o de quién están hablando?

1. *De Pedro Almodóvar.*   3. ....   5. ....

2. ....   4. ....   6. ....

 En grupos de tres. Escriban cinco definiciones para presentarlas al resto de la clase. Piensen en personajes famosos, objetos, países, ciudades, animales, profesiones, aparatos, etc.

• *Es un escritor mexicano que ganó el premio Nobel de Literatura en 1990.*

◆ *Creo que es Octavio Paz.*

SE RUEDA ②

1 En grupos de tres.

Estudiantes 1 y 2: *son dos turistas en Madrid (van a estar tres días). Por las mañanas y tardes quieren ver museos, parques y monumentos. Por las noches piensan salir de marcha (ir al cine, a restaurantes típicos, a discotecas y a pubs).*

**Pidan información en la oficina de turismo.
Luego, elijan juntos las actividades que van a realizar y anótenlas.**

Primer día

Por la mañana:

Por la tarde:

Por la noche:

Segundo día

Por la mañana:

Por la tarde:

Por la noche:

Tercer día

Por la mañana:

Por la tarde:

Por la noche:

**Una semana después...
Cuenten su estancia en
Madrid a unos amigos.**

- *El primer día, por la mañana, visitamos el Palacio Real.*
- ◆ *Nos gustó mucho.*
- *Luego, por la tarde...*

• **Expresión oral: interacción en grupos de tres (pedir información turística, contar una estancia).**

Antes de iniciar la actividad, realice un visionado de la secuencia de vídeo.
Distribuya a los estudiantes de tres en tres y forme luego dos grupos: uno con los denominados en el libro "estudiantes 1 y 2" y otro con los denominados "estudiantes 3". Lea con aquellos la instrucción de la actividad y pídales que hagan la lista de todas las actividades que les gustaría realizar y que se mencionan en la secuencia.

Grupo de "estudiantes 3": sugerencias en página 37a.

A continuación, diga a todos los alumnos que vuelvan a formar los grupos iniciales y deje que trabajen.
Recuérdeles que tienen que usar el vocabulario y las expresiones de la sección SECUENCIAS.
Pase por las mesas para atender cualquier consulta. Asegúrese de que todos intervienen.

Finalmente, invítelos a contar su estancia al resto de la clase, usando el pretérito indefinido y las siguientes referencias temporales: *el primer/segundo/tercer día, por la mañana/tarde/noche, primero/luego/ después.*

Ponga las respuestas en común. Ejemplos:
• ¿Cuáles son las actividades culturales más elegidas?
• ¿Cuántos estudiantes van a ir al Parque de Atracciones?

Ampliación: pregunte a los alumnos si conocen Madrid y qué monumentos y lugares han visitado.

Actividad 1

• **Expresión oral: interacción en grupos de tres (dar información).**

Antes de iniciar la actividad, realice un visionado de la secuencia de vídeo.
Distribuya la clase en grupos de tres y junte a los alumnos denominados en el libro "estudiantes 3". Pídales que lean el folleto y resuelva las dudas de vocabulario.

A continuación, diga a todos los estudiantes que vuelvan a formar los grupos iniciales y deje que trabajen. Recuérdeles que tienen que usar el vocabulario y las expresiones de la sección SECUENCIAS.
Pase por las mesas para atender cualquier consulta. Asegúrese de que todos intervienen.

Finalmente, invítelos a que tomen notas de las actividades elegidas por sus compañeros del equipo 1 mientras estos cuentan su estancia.

Ponga las respuestas en común. Ejemplos:
• ¿Cuáles son las actividades culturales más elegidas?
• ¿Cuántos estudiantes van a ir al Parque de Atracciones?

Ampliación: pregunte a los alumnos si conocen Madrid y qué monumentos y lugares han visitado.

Estudiante 3: *usted trabaja en la oficina de turismo de Madrid y atiende a los turistas. Observe el folleto y ayude a sus compañeros a elegir sus actividades.*

CENTRO DE ARTE REINA SOFÍA

Centro artístico y cultural. Exposiciones de arte contemporáneo y vanguardista. *Enfrente de la Estación de Atocha.*

BARRIO DE SALAMANCA

El barrio más elegante de Madrid. Galerías de arte, tiendas de lujo de las más prestigiosas marcas. *Calle Serrano y adyacentes.*

DE TAPAS

Si quiere degustar buenas tapas, visite las tabernas típicas situadas alrededor de la *Plaza Mayor.*

RESTAURANTES

- <u>El rincón de Pepe</u> Cocina madrileña. *Calle Mayor, 25.*
- <u>Los Olivos</u> Cocina tradicional y casera. *Paseo del Prado, 64.*
- <u>La Pata Negra</u> Especialista en chorizos y jamones. *Paseo de la Castellana, 8.*
- <u>Las Cuevas de Luis Candelas</u> Restaurante típico. Horno de asar. *Plaza Mayor.*

MADRID VERDE

Reserve el domingo para pasear por el *Parque del Retiro,* un lugar donde se puede ver de todo: guiñol, funambulistas, echadoras de cartas...

EL PALACIO REAL

Cuenta con un magnífico museo de carruajes y hermosos jardines. *Plaza de Oriente.*

EL PARQUE DE ATRACCIONES

Para los amantes de las sensaciones fuertes. *Casa de Campo.*

MUSEO DEL PRADO

Una de las mejores pinacotecas del mundo: obras de Velázquez, Goya, Rubens, Murillo, El Greco... *Paseo del Prado.*

CINE IMAX

Películas en tres dimensiones. *Parque Tierno Galván.*

35

Si quieren ver una película en tres dimensiones, pueden ir al cine Imax, que está en el Parque Tierno Galván.

Pedir información

- Quería saber
- Quería información de

todo lo que se puede hacer en Madrid.

◆ Aquí tiene un folleto con la dirección de los principales museos.

- ¿En Madrid hay

un museo de cera?
tablaos flamencos?

◆ *Sí, hay uno.*
◆ *No, no hay ninguno.*

- ¿Dónde está

el Palacio Real?
el Jardín Botánico?

- ¿Y para

salir por la noche?
pasear?
comer platos típicos?

Preguntar el horario

- ¿A qué hora abre/cierra

el Museo del Prado?
el Zoo?

aquí y allá

Al hacer uso del transporte público, ya sea que aborde un taxi, el metro o "colectivos", es muy importante tomar precauciones e ir siempre atento para prevenir cualquier situación desagradable.

AUXILIO UNAM 🔝 DIRECCION GENERAL DE PROTECCION A LA COMUNIDAD

SECRETARIA DE ASUNTOS ESTUDIANTILES

SEGURIDAD EN EL TRANSPORTE PUBLICO

?

AUTOTRANSPORTES
TRES ESTRELLAS
DEL CENTRO
S.A. DE C.V.
R.F.C. ATE-900925-PY2
DIRECCION TAQUILLA SALA D Y B
CENTRAL DEL PONIENTE, MEXICO, D.F.
TEL.: 264-37-39   271-03-33

CARRO	FOLIO
676	88101

Este Boleto es Personal y la da Derecho
al Seguro del Viajero EXIJALO

$
5.00
10.00
15.00

"Autotransportes Tres Estrellas del Centro", México.

"Seguridad en el Transporte Público", UNAM (Universidad Autónoma de México).

En España se dice: "Tomar/coger un taxi, un autobús…". ¿Cómo se dice en México? ¿Y cómo se dice "billete"? ¿Y "metro" en Argentina?

Tareas en Internet

Visitando un museo

| → Adelante | ✕ Detener | ⟳ Actualizar | ⌂ Inicio | 🔍 Búsqueda | ★ Favoritos | ✉ Correo | 🖨 Imprimir |

http://www.mcu.es ▼ ⤳ Ir a

Situación: usted quiere planificar una visita al Museo del Prado, recorrer virtualmente las salas y ver un cuadro.

Escoja el sitio http://www.mcu.es y acceda, a través del icono, al Museo del Prado.

(1) Información general sobre el museo
Vaya a **Información General** y mire la **Ficha Práctica**.

Horario
- ¿A qué hora abre y a qué hora cierra? ¿Es el mismo horario durante toda la semana? ¿Qué día está cerrado?

Precio
- ¿Cuánto cuesta la entrada? ¿Qué tipo de descuentos hay? ¿Qué día es gratuito? ¿Qué tipos de bonos hay?

Localización
- Mire el **Plano de Situación** del Museo. ¿En qué calle está? ¿Hay otros museos cerca? ¿Cuáles?

(2) Una visita virtual
- Accione **Visitas**, ¿qué cuadro analizan este mes? ¿Quién es el autor?
- Desde **Visitas**, acceda a **Lo que hay que ver** y accione **Edificio Villanueva**. Pulse **Empezar visita**.
  Si quiere seguir el recorrido propuesto, comience por la sala **51c** y continúe por este orden: **50**, **58**, **56a**, **55b**, **54**, **60a**, **61a**, **62a**, **61b**, **61**, **75** y **49**, sala **101** del sótano. La visita sigue en la planta principal.
- ¿Qué obras ha visto? ¿Cuáles le han gustado más?

Para saber más...

Mandar una postal virtual a una de sus amistades

- Seleccione **Catálogo de Productos** y luego **Postales Virtuales**. Escoja la postal. Escriba el texto. Ponga el nombre y la dirección del destinatario. Envíela.

- A partir de las páginas de Internet vistas, obtenga información de la obra enviada y de su autor.

Internet

PREGUNTANDO EN LA CALLE
POR UNA DIRECCIÓN

Deje que los estudiantes observen las fotos y lean los pequeños textos. Resuelva las dudas de vocabulario.

– Perdona... ¿cómo se va al Centro de Arte Reina Sofía?

Bien, seguís recto por la calle esta, que es la más ancha, que es la calle de Alcalá.

Llame la atención de la clase sobre el plano e indique dónde están Isabel y Emilio (en la Puerta del Sol) y adónde quieren ir (al Centro de Arte Reina Sofía). Aproveche este ejercicio para repasar vocabulario: *la calle, la avenida, el paseo, el cruce, la glorieta, la plaza, el semáforo, la acera, la fuente…*

Plano de Madrid. El Corte Inglés.

– Muchas gracias.
– De nada. Hasta luego.

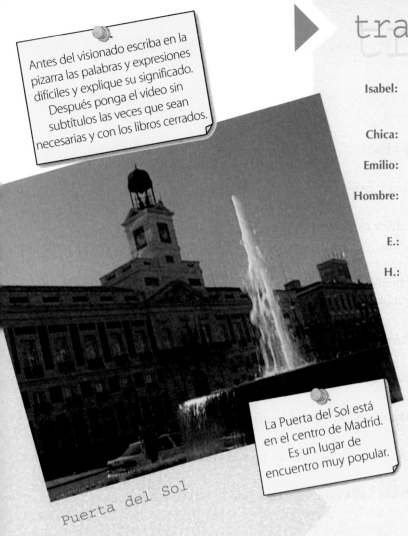

Puerta del Sol

La Puerta del Sol está en el centro de Madrid. Es un lugar de encuentro muy popular.

Antes del visionado escriba en la pizarra las palabras y expresiones difíciles y explique su significado. Después ponga el vídeo sin subtítulos las veces que sean necesarias y con los libros cerrados.

Deje que los alumnos trabajen individualmente y comparen luego sus respuestas con las del compañero más cercano.

Entrando en materia

Siga el recorrido indicado en el plano, tome nota del nombre de las calles e indique el orden en que se pasa por estos monumentos:

4   Centro de Arte Reina Sofía.

3   Museo del Prado.

2   Fuente de Neptuno.

1   Fuente de la Plaza de Cibeles.

Isabel:	Perdona... ¿Cómo se va al Centro de Arte Reina Sofía?
Chica:	Lo siento, no lo sé, no soy de Madrid.
Emilio:	Gracias.
Hombre:	Si me decís dónde vais, tal vez pueda ayudaros.
E.:	El Centro de Arte Reina Sofía.
H.:	¡Ah! es sencillo. A ver, vais a coger la calle Carretas, todo recto hasta que lleguéis a una plaza; allí giráis a la izquierda por la calle Atocha... No, no, espera, mejor vais a ir por la calle Alcalá y el Paseo del Prado, así veis la Cibeles y el Museo del Prado. Bien, seguís recto por la calle esta, que es la más ancha, que es la calle de Alcalá. Llegáis a una plaza muy grande, con una fuente con dos leones, que es la Cibeles. Allí giráis a la derecha, por el Paseo del Prado. Seguís recto hasta que llegáis a otra plaza, que es la Plaza de Neptuno. Bueno, pues justo enfrente de Neptuno está el Museo del Prado. ¿Lo habéis visitado ya?
I.:	No, todavía no.
E.:	No.
H.:	Tenéis que ir. Seguís recto, llegáis a una plaza más grande aún, que es la Plaza de Atocha. Ahí está la estación. Bueno, pues justo enfrente de la estación está el Reina Sofía. Allí preguntáis.
E.:	O sea, la calle de allí...
H.:	¡Ajá!, la calle de Alcalá hasta llegar a la Plaza de Cibeles...
E.:	La de la fuente...
H.:	¡Ajá!
E.:	... y luego el Paseo del Prado...
H.:	Efectivamente, hasta que lleguéis a la estación de Atocha.
E.:	Muchas gracias.
H.:	De nada. Hasta luego.

¿Ha comprendido bien?

Verdadero o falso?

		V	F
1	Isabel y Emilio quieren ir al Centro de Arte Reina Sofía.	☒	☐
2	La chica es de Madrid pero no sabe dónde está el Centro de Arte.	☒	☐
3	El chico les indica un itinerario turístico con monumentos: la Cibeles y el Museo del Prado.	☒	☐
4	La calle de Alcalá es una calle ancha.	☒	☐
5	Al final de la calle de Alcalá está la Plaza de Neptuno.	☐	☒
6	El Museo del Prado está enfrente de la fuente de los leones.	☐	☒
7	Isabel y Emilio todavía no han visitado el Museo del Prado.	☒	☐
8	El Reina Sofía está muy cerca de la estación de Atocha.	☒	☐

Secuencias

Ordene el diálogo de cada secuencia.

a Lo siento, no lo sé, no soy de Madrid.

b Perdona... ¿Cómo se va al Centro de Arte Reina Sofía?

1. ... b
2. ... a

a Llegáis a una plaza muy grande, con una fuente con dos leones, que es la Cibeles.

b Seguís recto por la calle esta, que es la más ancha, que es la calle de Alcalá.

1. ... b
2. ... a

a

Seguís recto, llegáis a una plaza más grande aún, que es la Plaza de Atocha. Ahí está la estación. Bueno, pues justo enfrente de la estación está el Reina Sofía.

b

Allí giráis a la derecha, por el Paseo del Prado.

1. ...... b ......
2. ...... c ......
3. ...... a ......

c

Seguís recto hasta que llegáis a otra plaza, que es la Plaza de Neptuno.

Esta actividad permite contextualizar los aspectos funcionales y ayudará a los estudiantes a memorizar los nuevos contenidos. Si comprueba que no entienden bien su mecánica, ejemplifíquela con la primera función: *¿Perdona, cómo se va a…?*

Dé unos minutos a los estudiantes para que preparen su diálogo. Pida a varias parejas que escenifiquen su conversación ante la clase. Luego, anime a los demás a que den su opinión y, entre todos, escriban una nueva conversación teniendo en cuenta las mejores propuestas.

¡A escena!

En la calle.

¿Qué se dice para…?

- **Preguntar un itinerario.**
- **Expresar desconocimiento.**
- **Explicar un itinerario.**

En parejas: representen la siguiente situación. Miren el plano de la página 40.

Estudiante A: está en el Museo del Prado y quiere ir a la Plaza de Cibeles. Pregunte a su compañero/a cómo se va.

Estudiante B: escuche a su compañero/a y conteste a su pregunta.

EL IMPERATIVO AFIRMATIVO

 Observe.

VERBOS REGULARES

TOMAR	COMER	ESCRIBIR	
toma/tomá	come/comé	escribe/escribí	*(Tú/Vos)*
tome	coma	escriba	*(Usted)*
tomad	comed	escribid	*(Vosotros/as)*
tomen	coman	escriban	*(Ustedes)*

> La forma "vosotros/as" es siempre regular: **-ad**, **-ed**, **-id**.

VERBOS IRREGULARES

CERRAR	VOLVER	PEDIR	
cierra/cerrá	vuelve/volvé	pide/pedí	*(Tú/Vos)*
cierre	vuelva	pida	*(Usted)*
cerrad	volved	pedid	*(Vosotros/as)*
cierren	vuelvan	pidan	*(Ustedes)*

DECIR	HACER	PONER	SALIR	VENIR	IR	
di/decí	haz/hacé	pon/poné	sal/salí	ven/vení	ve/andá	*(Tú/Vos)*
diga	haga	ponga	salga	venga	vaya	*(Usted)*
decid	haced	poned	salid	venid	id	*(Vosotros/as)*
digan	hagan	pongan	salgan	vengan	vayan	*(Ustedes)*

USOS:
a) para dar instrucciones, indicar un itinerario.

b) para dar consejos y recomendaciones.

c) para pedir acciones a otros.

> Para indicar un itinerario se puede utilizar el presente de indicativo (como en el vídeo) o el imperativo.

Mire, usted **toma** la calle Atocha. = **Tome** la calle Atocha.
Sigue recto. = **Siga** recto.

Luego, **gira** a la izquierda. = Luego, **gire** a la izquierda.
Tuerce a la derecha. = **Tuerza** a la derecha.

Después, **cruza** la glorieta. = Después, **cruce** la glorieta.

• Observar la morfología y los usos del imperativo afirmativo.

Llame la atención de los estudiantes sobre el cuadro de los verbos regulares y deje que deduzcan cómo se forma el imperativo afirmativo.

Si lo desea, hágales notar que
• La forma *tú* es idéntica a la forma *él/ella/usted* del presente de indicativo: *toma, come, escribe.*
• La forma *vosotros/as* siempre se construye sustituyendo la *r* final del infinitivo por *d: tomar → tomad, comer → comed, escribir → escribid.*
• La forma *ustedes* se obtiene añadiendo una *n* a la forma *usted: tome → tomen, coma → coman, escriba → escriban.*

Para comprobar la interiorización de la regla, pida a la clase que conjugue los siguientes verbos: *hablar, escuchar, preguntar; beber, correr, responder; abrir, describir, subir.*
Puede aprovechar esta actividad para introducir vocabulario nuevo (siempre que sean verbos regulares).

Pregunte ahora a los alumnos qué verbos con diptongo en presente de indicativo conocen y solicite un voluntario para escribirlos en el encerado, en dos columnas: *e > ie, o > ue.* Ejemplos:
• *e > ie: empezar, pensar, fregar, descender.*
• *o > ue: contar, encontrar, probar, recordar, dormir.*
Indíqueles que presentan la misma irregularidad en imperativo y anímelos a que los conjuguen.

Siga el mismo procedimiento para los verbos con alteración vocálica. (Ejemplos: *repetir, servir, elegir.*)

Lea con ellos las formas de los verbos con irregularidades propias.

Finalmente, comente las siguientes formas:
• *siga/sigan:* delante de la vocal *a* no hace falta poner una *u* después de *g* para mantener el sonido /g/. (Que debe ser idéntico en todas las personas.)
• *coja/cojan:* delante de la vocal *a* la *g* se transforma en *j* para mantener el sonido /X/, que debe ser idéntico en todas las personas.
• *cruce/crucen:* la grafía *ze* no existe en español, el sonido /θ/ seguido de *e, i,* siempre se escribe *ce, ci.*

Por último, llame la atención de los estudiantes sobre los tres usos del imperativo.

Antes de pasar al ejercicio siguiente, asegúrese de que la clase ha comprendido todo lo anterior.

En las páginas siguientes se introducen los principales usos del imperativo:
– Dar instrucciones, indicar un itinerario.
Ejemplos: *Gire a la derecha. Siga todo recto.*
– Dar consejos y hacer recomendaciones.
Ejemplos: *Estudiad los verbos. Haga un poco de ejercicio.*
– Pedir acciones a otros.
Ejemplos: *Abre la ventana, por favor. Pide la cuenta.*

Actividad 2

• **Comprensión auditiva: seguir un itinerario en un plano.**

Este ejercicio introduce el primer uso del imperativo: dar instrucciones e indicar un itinerario.

Si lo desea, antes de poner la grabación, puede hacer un repaso de *hay/está(n)*. Para ello, plantee preguntas como estas:
• *¿Qué hay en la Plaza de la Constitución?*
• *¿Dónde está el Ayuntamiento?*
• *¿Hay alguna cafetería en este barrio?*
• *¿Cuántas plazas hay?*

Ponga la cinta las veces que sean necesarias para que los estudiantes realicen la actividad.
Antes de corregir colectivamente, sugiérales que comparen su respuesta con la de un compañero.

Remita a los estudiantes a la transcripción (página 113) e invite a los voluntarios a que la lean de manera expresiva.

Respuesta:
Mercedes está en la estación.

Actividad 3

• **Expresión oral: interacción en parejas (indicar un camino y seguirlo en un plano).**

Pida a los estudiantes que se distribuyan en parejas y lea con ellos la instrucción del ejercicio. A continuación, deje que trabajen a su ritmo.

Los que terminen antes podrán repetir la actividad cambiando de pareja y papel.

Circule por el aula y, si comprueba dificultades, sugiera a los estudiantes que tomen como modelo la transcripción de la actividad 4. No dude en parar la realización del ejercicio en caso de que tenga que dar explicaciones útiles para toda la clase.

Anime a los voluntarios a que lean en alto su itinerario y a la clase a que lo siga en el plano. Para que todos los alumnos puedan sacar partido de los conocimientos de sus compañeros, propóngales que escriban las instrucciones en su cuaderno.

Actividad 4

• **Expresión escrita: completar frases con verbos en imperativo.**

Esta actividad presenta el segundo uso del imperativo: dar consejos y hacer recomendaciones.

Solicite un voluntario para leer los seis verbos y resuelva las dudas de vocabulario si las hay. Haga hincapié en que, en *apagar,* delante de la vocal *e* la *g* se transforma en *gu* para mantener el sonido /g/. (Este sonido tiene que ser idéntico en todas las personas.) A continuación, deje que cada uno trabaje a su propio ritmo.
Sugiera luego a los estudiantes que comparen sus respuestas con las de un compañero.
Por último, corrija colectivamente escribiendo las formas en la pizarra.

Respuestas:
abrid, haced; coma, beba;
pide, apaguen.

Si los alumnos desean ampliar el vocabulario, pregúnteles qué otras frases podría decir cada una de estas personas. Ejemplos:
• *Escribid las frases. Leed el texto.*
• *Prueba el pescado.*
• *Haga ejercicio físico.*
• *Pongan el asiento en posición vertical. Desconecten el móvil.*

Actividad 5

• **Expresión oral en grupo: dar consejos.**

Lea las cuatro frases y asegúrese de que los estudiantes las han comprendido. A continuación, forme los grupos y deje que trabajen.

Ponga las propuestas en común (procure que cada alumno hable por lo menos una vez) y elijan juntos los dos mejores consejos para cada situación.
Anime a los estudiantes a que las anoten en su cuaderno.

Posibles respuestas:
2. *Comprad flores. Llevad una botella de vino.*
3. *Navegue por Internet. Apúntese a un viaje.*
4. *Vayan a un acupuntor. Hagan yoga.*

gramatical

2 Escuche, siga las indicaciones en el plano e indique dónde está Mercedes.

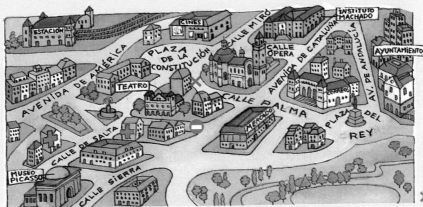

✗ Casa de Ricardo.

3

Estudiante A	Estudiante B
Elija un lugar del plano e indique a su compañero/a cómo ir desde la Plaza del Rey.	Siga en el plano las instrucciones de su compañero/a. ¿Adónde ha llegado?

4 Complete los bocadillos con los verbos de la lista en imperativo.

beber   abrir   apagar   pedir   comer   hacer

.... pescado y .... mucha agua.

.... el libro por la página 56 y .... el ejercicio 5.

.... paella. Está riquísima, es la especialidad de la casa.

.... el cigarro, no se puede fumar.

5 Aconsejen a estas personas. Luego, comparen sus propuestas con las de otro grupo.

1. Rigoberta, una amiga suya, está en paro.
2. Dos jóvenes, Alicia y Guadalupe, van a una fiesta de cumpleaños y no saben qué llevar.
3. Arturo, un señor de 45 años, tiene pocos amigos.
4. Alfonso y Ricardo, dos hombres de 50 años, quieren dejar de fumar.

1. • *Compra el periódico y lee los anuncios.*
   ◆ *Sí, y también manda currículos a las empresas de tu ciudad.*

EL IMPERATIVO NEGATIVO

6 Observe.

VERBOS REGULARES

TOMAR	COMER	ESCRIBIR	
no tomes/tomés	no comas/comás	no escribas/escribás	*(Tú/Vos)*
no tome	no coma	no escriba	*(Usted)*
no toméis	no comáis	no escribáis	*(Vosotros/as)*
no tomen	no coman	no escriban	*(Ustedes)*

VERBOS IRREGULARES

CERRAR	VOLVER	PEDIR	
no cierres/cerrés	no vuelvas/volvás	no pidas/pidás	*(Tú/Vos)*
no cierre	no vuelva	no pida	*(Usted)*
no cerréis	no volváis	no pidáis	*(Vosotros/as)*
no cierren	no vuelvan	no pidan	*(Ustedes)*

DECIR	HACER	PONER	
no digas/digás	no hagas/hagás	no pongas/pongás	*(Tú/Vos)*
no diga	no haga	no ponga	*(Usted)*
no digáis	no hagáis	no pongáis	*(Vosotros/as)*
no digan	no hagan	no pongan	*(Ustedes)*

SALIR	VENIR	IR	
no salgas/salgás	no vengas/vengás	no vayas/vayás	*(Tú/Vos)*
no salga	no venga	no vaya	*(Usted)*
no salgáis	no vengáis	no vayáis	*(Vosotros/as)*
no salgan	no vengan	no vayan	*(Ustedes)*

7 **En grupos de tres. Cristina y Hernando no van a estar en casa este fin de semana; su hijo Julio, de 15 años, se va a quedar solo. ¿Qué consejos y recomendaciones creen ustedes que le dan antes de irse? Escriban al menos seis. Luego escuchen la grabación, ¿cuántos han acertado?**

¡No fumes! ¡Haz los deberes!

8 **En grupos de tres. ¿Qué consejos podrían dar estas personas?**

1. El director de una empresa a sus empleados.   *1. ¡No lleguen tarde!*
2. Un profesor de español a sus estudiantes.
3. Una mujer a su marido.
4. Una directora a su secretaria.

Actividad 6

- Observar la morfología del imperativo negativo.

- Verbos irregulares y con alteraciones vocálicas (e>ie, o>ue, e>i): invite a los estudiantes a que observen los cuadros y comparen las formas *tú* y *vosotros* con las correspondientes en imperativo afirmativo. ¿Cuáles son las diferencias?
- Verbos con irregularidades propias:
  Hágales notar que la raíz es la misma en todas las personas *(ir/vay-, decir/dig-, hacer/hag-, poner/pong-, salir/salg-, venir/veng-)* y que las terminaciones son idénticas *(as/ás, a, áis, an)*.

No conviene indicar a los estudiantes que las formas del imperativo son las correspondientes del presente de subjuntivo, ya que es un tiempo que aún no han visto.

Actividad 7

- Expresión oral: dar consejos y recomendaciones.
- Comprensión auditiva: extraer formas en imperativo.

Deje que los estudiantes se agrupen de tres en tres y deles unos minutos para que realicen la actividad. Indíqueles que pueden usar verbos tanto en imperativo afirmativo como negativo.

Pase por las mesas para escuchar las producciones de los alumnos y hacer preguntas a los más tímidos o menos avanzados para darles más oportunidades de expresarse. Si comprueba que a algunos no se les ocurre nada, sugiérales situaciones como las siguientes: *la comida, el cuidado de la casa, los amigos, el uso del teléfono, la hora de acostarse.*

Ponga todas las respuestas en común. Escríbalas en la pizarra, en dos columnas según sea imperativo afirmativo o negativo. Anime a los alumnos a que las copien en su cuaderno.

Puede resultar interesante clasificar las recomendaciones. Por ejemplo, las que se refieren al cuidado de la casa, las relacionadas con la salud.

Realice las audiciones que resulten necesarias para que los estudiantes puedan comparar sus recomendaciones con las de los padres de Julio.

Remítales a la transcripción de la página 113 y anime a tres voluntarios a que la lean de la forma más expresiva posible.

Consolidación: proponga a los alumnos que conjuguen todos los verbos en imperativo afirmativo y negativo.

Respuestas:
No salgas por la noche, no pongas la tele muy alto, no juegues con el ordenador, come, no comas sólo hamburguesas, no te olvides de dar de comer al perro, riega las plantas, limpia la casa, cierra todas las ventanas antes de acostarte, no rompas nada, no hagas fiestas, no fumes.

Actividad 8

- Expresión oral en grupos de tres: dar consejos usando el imperativo.

Pida a un voluntario que lea las situaciones. Pregunte a los estudiantes qué forma de tratamiento tienen que usar en cada una (tú/vos, usted, vosotros/as, ustedes). Forme los grupos y deje que trabajen. Circule por el aula para ayudar cuando sea preciso. Corrija colectivamente. Asegúrese de que cada componente de los grupos toma la palabra al menos dos veces.

Si lo desea, repase y amplíe el vocabulario perteneciente al campo léxico de cada situación. Ejemplos:
1. *el horario, fichar, la oficina, el ordenador, el taller, el coche de empresa...*
2. *el aula, el libro, el cuaderno, el lápiz, el bolígrafo, el examen, los deberes, leer, escribir...*
3. *las tareas domésticas (fregar, lavar, hacer las camas, preparar la comida, ir a la compra...)*
4. *llamar a los clientes, escribir las cartas/los e-mail, llamar a los mensajeros, redactar los informes...*

Posibles respuestas:
1. *Sean puntuales. Apaguen el ordenador antes de irse...*
2. *Hablad sólo en español. Haced todos los deberes. Estudiad los verbos irregulares. Repasad las reglas de gramática...*
3. *Por favor, friega los platos, lleva al niño al colegio...*
4. *Llame a la delegación de Burgos, redacte el informe para esta tarde, envíe las cartas hoy...*

Actividad 9

• **Observar la posición de los pronombres personales complemento directo con relación a los verbos en imperativo.**

Llame la atención de los alumnos sobre las ilustraciones y pida a un voluntario que lea los textos de los bocadillos. Comente la posición de los pronombres personales complemento directo con relación al verbo en imperativo.

• Imperativo afirmativo:
  Van después del verbo, formando con este una sola palabra.
  Se denominan *pronombres enclíticos*.
• Imperativo negativo:
  Van antes del verbo (y no unidos a este).

Si lo ve conveniente, explique la existencia del acento tónico en las formas *ciérrala* y *ciérralas*, ya que con el pronombre se convierten en palabras esdrújulas (el acento tónico no debe desplazarse de lugar).

Actividad 10

• **Expresión escrita: transformar frases según un modelo.**

Deje que los estudiantes realicen la actividad individualmente (para que cada uno pueda trabajar a su propio ritmo) y pase por las mesas para atender a los que lo necesiten. No dude en parar la realización del ejercicio en caso de que tenga que dar explicaciones que puedan resultar útiles para toda la clase. Antes de corregir colectivamente, sugiera a cada alumno que compare sus respuestas con las de un compañero.

Respuestas:
• *Tómalo. No lo tomes.*	*Tómelo. No lo tome.*
• *Léelo. No lo leas.*	*Léalo. No lo lea.*
• *Ponla. No la pongas.*	*Póngala. No la ponga.*
• *Hazlos. No los hagas.*	*Hágalos. No los haga.*
• *Súbela. No la subas.*	*Súbala. No la suba.*
• *Pídelo. No lo pidas.*	*Pídalo. No lo pida.*
• *Repítelas. No las repitas.*	*Repítalas. No las repita.*

Pida a los estudiantes que repitan la actividad con las formas *vos, vosotros/as* y *ustedes*.

Actividad 11

• **Expresión oral: interacción en parejas (formar frases en imperativo con pronombres personales complemento directo).**

Distribuya a los estudiantes en parejas y lea con ellos la instrucción de la actividad. Circule por el aula para comprobar las producciones.

Consolidación: pida a los estudiantes que vuelvan a hacer la actividad pero con otras expresiones. Escriban una lista todos juntos. Ejemplos: *leer el libro, pedir la cuenta, comprar los pantalones.*

Respuestas:
Usted: *escúchelo, llámelos, crúcela, no los espere.*
Tú: *escríbelas, dila, ábrela, no lo llames.*
Vos: *escribílas, decila, abrila, no lo llamés.*
Vosotros/as: *no lo hagáis, no los comáis, empezadla, no lo compréis.*
Ustedes: *no lo enciendan, no las miren, no las manden, no las sigan.*

9 Observe la posición de los pronombres personales.

IMPERATIVO AFIRMATIVO

el disco pon**lo**	los discos pon**los**	la ventana ciérra**la**	las ventanas ciérra**las**

IMPERATIVO NEGATIVO

el disco no **lo** pongas	los discos no **los** pongas	la ventana no **la** cierres	las ventanas no **las** cierres

10 Complete.

	TÚ	**USTED**	
• Toma el libro.	*Tómalo. / No lo tomes.*	*Tómelo. / No lo tome.*	**la**
• Leer el periódico.	....	....	
• Poner la tele.	....	....	**las**
• Hacer los ejercicios.	....	....	
• Subir la música.	....	....	**lo**
• Pedir el menú.	....	....	
• Repetir las frases.	....	....	**los**

11 Por turnos. Elija una casilla para su compañero/a, por ejemplo *A-1*.
Él/Ella tiene que conjugar el verbo en imperativo: *escúchelo.*

	1	2	3	4
A	escuchar el disco	no encender el ordenador	empezar la lección	no llamar a un taxi
B	no hacer el trabajo	llamar a los amigos	no mirar las fotos	mandar las cartas
C	no comer los pasteles	decir la verdad	no esperar a los amigos	seguir las instrucciones
D	escribir las cartas	cruzar la avenida	abrir la puerta	no comprar el libro

Usted
Tú/Vos
Vosotros/as
Ustedes

 1 El sábado es el cumpleaños de Marcos. Ha invitado a unos cuantos amigos y a José, un compañero de trabajo. Este llama por teléfono para saber cómo ir a su casa. Contesta su hermana.

Escuche la conversación y trace el camino en el plano.

 2 **Aquí tiene expresiones de significado equivalente. Escuche de nuevo la conversación. Luego marque (✓) las frases mencionadas.**

1. a. ☐ Está muy cerca.
   b. ☐ No está lejos.

2. a. ☐ Coge la calle Herreros.
   b. ☐ Toma la calle Herreros.

3. a. ☐ Todo recto hasta la Plaza de Castilla.
   b. ☐ De frente hasta la Plaza de Castilla.

4. a. ☐ Gira, la primera... no... la segunda a la derecha.
   b. ☐ Tuerce, la primera... no... la segunda a la derecha.

5. a. ☐ Continúa hasta la Plaza Mayor.
   b. ☐ Sigue hasta la Plaza Mayor.

6. a. ☐ Estamos en el número 29.
   b. ☐ Vivimos en el número 29.

Actividad 1

• **Comprensión auditiva: escuchar un itinerario y trazarlo en un plano.**

Como preparación, puede pedir a los alumnos que describan este barrio usando *hay* y *está(n)*.

Ponga la cinta tres veces.
Primera audición, para que los estudiantes se familiaricen con el diálogo.
Segunda audición, para que tracen el itinerario en el plano.
Corrija con toda la clase y realice otra audición para comprobar.

Respuesta:

Actividad 2

Dé unos minutos a los alumnos para que se familiaricen con las frases.
Antes de volver a poner la grabación, pregúnteles cuáles recuerdan haber oído.
A continuación, deje que trabajen individualmente.

> ***Respuestas:***
> 1.a. *Está muy cerca.*
> 2.b. *Toma la calle Herreros.*
> 3.a. *Todo recto hasta la Plaza de Castilla.*
> 4.a. *Gira la primera... no... la segunda a la derecha.*
> 5.b. *Sigue hasta la Plaza Mayor.*
> 6.a. *Estamos en el número 29.*

Consolidación: anime a los alumnos a que indiquen un camino alternativo.

Actividad 3

• **Expresión escrita:** completar un texto con espacios en blanco.

Deje que los alumnos trabajen de manera individual (para que cada uno pueda hacer la actividad a su propio ritmo). Circule por el aula para asegurarse de que no cometen faltas de ortografía al copiar las frases. Corrija con toda la clase.

Esta actividad también puede realizarse en parejas.

Remita a los alumnos a la transcripción de la página 113 y saque voluntarios para leerla de forma expresiva.

> **Respuestas:**
> a, b, a, a, b, a.

Actividad 4

• **Expresión oral:** interacción en parejas (indicar y seguir itinerarios en un plano).

Lea la instrucción de la actividad resolviendo las dudas de vocabulario. Seguidamente, deje que los estudiantes se agrupen de tres en tres y trabajen a su ritmo. Pase por las mesas para ayudarlos. Puede remitirlos a la transcripción para reutilizar algunas expresiones.

Los que terminen antes podrán repetir el ejercicio con otros compañeros, cambiando de papel.

Los voluntarios escenificarán su diálogo ante la clase.

> **Posibles respuestas:**
> *Coged/Cojan, Tomad/Tomen la calle Reyes Católicos hasta la Plaza de Castilla. Girad/Giren la segunda a la izquierda y luego la segunda a la derecha. Seguid/Sigan recto unos 200 metros por la calle de Salamanca. Vivo en el número 40, detrás del Museo de Ciencias.*

Actividades 5 y 6

Pida a un voluntario que lea la instrucción y las preguntas. Aclare las dudas de vocabulario. A continuación, dé unos minutos a los alumnos para que realicen la tarea de manera individual. Anímelos a que le pregunten vocabulario usando la estructura *¿Cómo se dice ... en español?* Copie las palabras en el encerado para que toda la clase pueda aprovecharlas.
Corrija poniendo todas las respuestas en común. Anótelas en la pizarra y diga a los estudiantes que las escriban en su cuaderno.

Esta actividad también puede llevarse a cabo en parejas: un alumno hace las preguntas y su compañero contesta.

> **Posibles respuestas:**
> 1. *Sí, sí, sácalas ya. / No, no las saques todavía.*
> 2. *Déjalo en el perchero del recibidor.*
> 3. *Por supuesto, abridla/ábranla.*
> 4. *Sí, sí, ponlo.*
> 5. *Sí, sí, súbelo. / No lo subas, que tengo vecinos mayores.*

Consolidación en parejas: por turnos, un alumno dice una de las respuestas de Marcos y su compañero indica la pregunta correspondiente. Ejemplo: *Por supuesto, abridla/ábranla. > ¿Podemos abrir la ventana? Hace mucho calor.*

Si lo desea amplíe el vocabulario relacionado con las fiestas de cumpleaños. Ejemplos: *la tarta de cumpleaños, cumplir años, abrir los regalos, los invitados, soplar las velas, la música, bailar, los aperitivos, divertirse, las serpentinas.*

3 Ahora lea las explicaciones de Marta y escriba la letra de cada frase del ejercicio 2 en el lugar correspondiente.

Pues es facilísimo y ☐ Mira... ☐ ☐ ☐ y luego la primera a la izquierda y ☐. Y en la Plaza Mayor, pues la primera a la derecha. ☐

4 En grupos de tres.

Estudiantes A y B	Estudiante C
Marcos les ha invitado a la fiesta, y también a su compañero/a C. Este no tiene coche y van a recogerlo a su casa.	Marcos le ha invitado a su fiesta. Usted no tiene coche y dos compañeros van a ir a recogerle a su casa.
Pregúntenle cómo se va. Luego, repítanle las instrucciones para asegurarse de que las han entendido bien.	**Explíqueles cómo se va.**
Viven en la calle Reyes Católicos, enfrente del parque.	Usted vive en la calle de Salamanca, detrás del Museo de Ciencias.

5 El sábado en casa de Marcos...
Ya ha empezado la fiesta. Hay muchos invitados. Lea las preguntas que le hacen a Marcos y añada algunas más.

¿Saco las tartas de la nevera?

1. ¿Saco las tartas de la nevera?
2. Oye, ¿dónde puedo dejar el abrigo?
3. ¿Podemos abrir la ventana? Hace mucho calor.
4. ¿Puedo poner este disco? Es que me encanta.
5. No se oye la música, ¿puedo subir un poco el volumen?
6. ....
7. ....
8. ....
9. ....
10. ....

6 Imagine qué responde Marcos.

1. *Sí, sí, sácalas ya.* ....
2. ....
3. ....
4. ....
5. ....
6. ....
7. ....
8. ....
9. ....
10. ....

aprendiendo
EL GUIÓN

Preguntar un itinerario

• Perdone/a,	¿cómo se va al/a la	Museo del Prado?
• Por favor,	¿para ir al/a la	Plaza Mayor?
	¿el/la	

Expresar ignorancia

• Lo siento,	no soy de aquí.
	no lo sé.

Explicar un itinerario

• Tome/a	la calle Vega.
• Coja/Coge	la avenida de la Paz.
	avenida.
• Cruce/Cruza esta	calle.
	plaza.
• Gire/Gira	a la derecha.
• Tuerza/Tuerce	a la izquierda.
	la segunda a la izquierda.

• Siga/Sigue	(todo) recto	
	(todo) derecho	hasta
	de frente	el tercer semáforo.
		llegar a una plaza.

aquí y allá

1. El Ayuntamiento
   La municipalidad (Arg.)
2. El autobús
   El colectivo, el minibús (Arg.)
   El camión (Méx.)
3. El metro
   El subte (Arg.)
4. La acera
   La vereda (Arg.)
   La banqueta (Méx.)
5. La heladería
   La nevería (Arg.)
6. El tráfico
   El tránsito (Arg.)
7. El paso de cebra
   La senda peatonal (Arg.)
   El puente peatonal (Méx.)
8. La tienda de ultramarinos
   El almacén de barrio (Arg.)
9. El escaparate
   La vidriera (Arg.)

Tareas en Internet

Moverse en la ciudad

Situación: usted va a pasar unos días en Madrid y quiere saber qué edificios de interés hay en la parte vieja de la ciudad, concretamente alrededor de la famosa Puerta del Sol. Por ello, decide consultar el callejero de Internet.

(1) Encontrar el punto de partida

Entre en **http://www.paginas-amarillas.es** y haga el enlace con **callejerohoy.com**.

- Seleccione "Madrid" en el desplegable y pulse **Buscar**.
- Rellene los diferentes campos obligatorios:
  - Ciudad: Madrid.
  - Nombre de la calle: Puerta del Sol.
- Pulse **Buscar**.

(2) Moverse hasta el Palacio Real

Cada plano tiene ocho puntas que le conducen hacia el lugar indicado.

- Una vez en la Puerta del Sol, diríjase hacia la izquierda por la calle Arenal: ¿Qué edificio importante se halla al final de esta calle?
- Siga en la misma dirección: ¿Qué palacio y plazas relevantes le indica el plano?
- Continúe en la misma dirección: ¿Qué descubre usted?

(3) Volver a la Puerta del Sol pasando por la Plaza Mayor

- Recorra el camino en sentido contrario por la calle Mayor, que es una paralela a la calle Arenal.
  - ¿Qué plaza importante encuentra usted en su camino?

Para saber más...

Descubrir qué hay por la zona

Tenga delante el plano de la Plaza Mayor.

- Usted quiere comer en este barrio. ¿Cuántos restaurantes hay? ¿Son españoles? Mantenga el ratón en el icono para saber los nombres.
- ¿Cuál es el alojamiento más próximo a la Plaza Mayor?
- ¿Por qué calles tiene que pasar para ir a la estación de metro más cercana?

Internet

COMPRANDO ROPA

La blusa ancha

– Buenos días. Quería unos pantalones.

pero también tenemos aquellos de allí.
– No. Estos, estos me gustan.

La falda

La camisa

– ¿Qué tal te quedan?

La chaqueta

Los pantalones

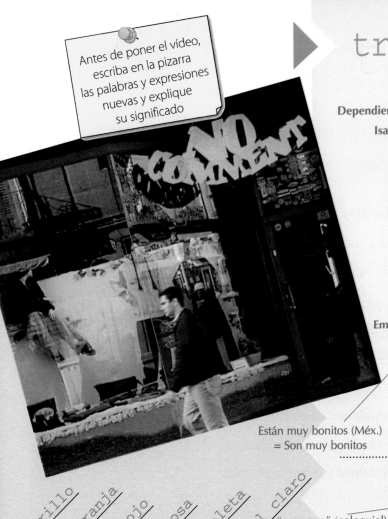

Antes de poner el vídeo, escriba en la pizarra las palabras y expresiones nuevas y explique su significado

transcripción

Dependienta: ¡Hola!, ¿te puedo ayudar?

Isabel: Buenos días. Quería unos pantalones.

D.: Sí, ¿y cómo te gustan?

I.: Pues negros, pero no muy anchos.

D.: A ver… ¿qué talla llevas?

I.: Cuarenta y dos.

D.: Mira, tenemos estos modelos, pero también tenemos aquellos de allí.

I.: No. Estos, estos me gustan.

D.: Estos. Cuarenta y dos.

I.: ¿Qué te parecen?

Emilio: Están muy bonitos. A ver, pruébatelos.

D.: Los probadores están allí, a la izquierda.

I.: Permiso.

[**D.:** Yo creo que le van a quedar un poquito estrechos. Son muy justos de cadera y anchos de pata.

E.: Ya, pero…, tú ya ves cómo son.]

Están muy bonitos (Méx.) = Son muy bonitos

....

D.: ¿Qué tal te quedan?

E.: A ver, sal "pa" que te los vea.

"para que" (coloquial)

I.: No, es que… me quedan estrechos.

E.: ¡Ándale!, no seas payasa.

¡Ándale! (Méx.) = ¡Venga!

I.: ¿No tenés un talle más grande?

D.: Sí, claro, ahora te los busco.

un talle (Arg.) = una talla

[**E.:** Se lo dije.]

D.: … Este. Toma, la cuarenta y cuatro.

Isabel vosea porque es argentina.

I.: Gracias.

[**E.:** No, si…]

....

D.: ¡Uy!

I.: No sé…

D.: Te quedan fenomenal. Además, con esta blusa estás fantástica. ¿A que sí?

E.: ¡A mí me gustan un montón!

D.: Claro.

muchísimo (coloquial)

I.: ¿Sí?

E.: Sí.

55,29 euros

I.: Bueno, no están mal, me los llevo. ¿Cuánto cuestan?

D.: Nueve mil doscientas.

I.: ¿Aceptan tarjeta de crédito?

D.: Por supuesto. Pasa por caja, por favor. Oye, muchas gracias ¿eh?

I.: Chao.

D.: Encantada de conoceros.

E.: Adiós, ¿eh? Hasta luego.

amarillo · naranja · rojo · rosa · violeta · azul claro

azul marino · verde oscuro · verde claro · blanco · marrón · negro

Plantee usted mismo las preguntas y pida a los estudiantes que trabajen individualmente.

Entrando en materia

Observe las fotografías y clasifique las prendas de vestir:

• **De señora.** La falda, la blusa.

• **De caballero.** La camisa.

• **Unisex.** Los pantalones.

Lea las frases y resuelva las dudas de vocabulario. Corrija colectivamente.

prácticas

¿Ha comprendido bien?

¿Verdadero o falso?

		V	F
1	Isabel quiere comprar unos pantalones.	☒	☐
2	Le gustan negros y anchos.	☐	☒
3	Su talla es la 42.	☒	☐
4	Se los prueba pero no le quedan bien.	☒	☐
5	La dependienta le da otros más pequeños porque los que se ha probado le quedan muy anchos.	☐	☒
6	A Emilio le gustan mucho los segundos pantalones.	☒	☐
7	Los pantalones cuestan (8.200 pesetas.)	☐	☒
8	Isabel va a pagar en metálico.	☐	☒
9	La dependienta cobra la prenda.	☐	☒

49,28 euros

Secuencias

Ordene el diálogo de cada secuencia.

a
Sí, ¿y cómo te gustan?

c
Buenos días. Quería unos pantalones.

d
¡Hola!, ¿te puedo ayudar?

b
Pues negros, pero no muy anchos.

1. ....d.......
2. ....c.......
3. ....a.......
4. ....b.......

Previamente, vuelva a poner el vídeo sin subtítulos. Luego, corrija remitiendo a los estudiantes a la transcripción de la página anterior.

b
A ver... ¿qué talla llevas?

a
42.

1. ....b.......
2. ....a.......

a
Están muy bonitos.
A ver, pruébatelos.

b
¿Qué te parecen?

c
Los probadores están allí,
a la izquierda.

1. .... b
2. .... a
3. c

a
A ver, sal "pa" que te
los vea.

b
No, es que… me
quedan estrechos. ¿No
tenés un talle más grande?

c
¿Qué tal te quedan?

1. c
2. .... a
3. .... b
4. .... d

d
Sí, claro, ahora te los
busco.

b
No sé…

a
¡A mí me gustan un
montón!

c
Te quedan fenomenal.
Además, con esta blusa
estás fantástica.
¿A que sí?

1. .... b
2. c
3. .... a

b
Bueno, no están mal,
me los llevo.
¿Cuánto cuestan?

c
Por supuesto. Pasa por
caja, por favor.

d
Nueve mil doscientas.

a
¿Aceptan tarjeta
de crédito?

1. .... b
2. .... d
3. .... a
4. c

Deje que
trabajen
individualmente.

Pida a los estudiantes que
trabajen por escrito.
Mientras escenifican
su diálogo no los
interrumpa.

¡A escena!

En una tienda de ropa.
¿Qué se dice para…?

- **Pedir y describir una prenda de vestir.**

- **Preguntar y dar la opinión sobre la prenda.**

- **Preguntar la forma de pago.**

En parejas: representen la siguiente situación.

Estudiante A: usted entra en una tienda de ropa para comprarse unos pantalones azules y estrechos.

Estudiante B: usted trabaja en una tienda de ropa. Su compañero/a quiere comprarse una prenda. Pregúntele qué desea (artículo, color) y cuál es su talla.

LOS DEMOSTRATIVOS

 Observe.

Este cinturón	☞	
Ese bolso	☞ - - - - →	
Aquel sombrero	☞ - - - - - - - →	

	masculino		femenino	
SITUACIÓN	singular	plural	singular	plural
Cerca *(aquí)*	este	estos	esta	estas
Un poco más lejos *(ahí)*	ese	esos	esa	esas
Lejos *(allí)*	aquel	aquellos	aquella	aquellas

2 Complete los diálogos con los demostrativos que corresponden.

Hola. ¿Qué desea?

Quería ver ...... camisa blanca.

¿Algo más?

Sí, ¿me enseña ...... jersey verde, por favor?

...... guantes son muy bonitos. ¿Cuánto cuestan?

20 euros. Es que son de piel.

¿Y ......?

Y ...... sombrero, ¿cuánto cuesta?

¿......? 21 euros.

 Escuche y compruebe.

LOS COMPARATIVOS

 Observe.

El sombrero negro es más grande que el azul.

El sombrero azul es menos caro que el negro.

El sombrero azul es tan elegante como el negro.

30 €

21 €

Actividad 1

• **Observar los demostrativos: formas y uso.**

Llame la atención de los estudiantes sobre las tres ilustraciones y comente cada forma haciendo hincapié en la distancia que separa el hablante del objeto mencionado. Seguidamente, lea las formas del cuadro recalcando los plurales: *este/estos, ese/esos, aquel/aquellos.*

Para consolidar la comprensión, sitúe algunos objetos que estén en el aula o fuera de ella. Ejemplos:
• Tome su libro y enséñelo: *Este libro.*
• Señale una ventana: *Esa ventana.*
• Mire por la ventana e indique algunos coches (por ejemplo): *Aquellos coches.*

Actividades 2 y 3

• **Expresión escrita: completar frases con demostrativos.**

Pida a los estudiantes que trabajen individualmente fijándose bien en la posición de cada objeto con relación al hablante.
Cuando hayan terminado, invítelos a que comparen sus respuestas con la de un compañero y las razonen cuando difieran.
Corrija colectivamente y ponga la cinta para comprobar.

> **Respuesta:**
> Quería ver **esta** camisa blanca. / Sí, ¿me enseña **ese** jersey verde? / Y **aquel** sombrero, ¿cuánto cuesta? ¿**Aquel**? 21 euros. / **Estos** guantes son muy bonitos. / ¿Y **aquellos**?

Actividad 4

• **Observar la morfología de los comparativos.**

Con los libros cerrados.
Muestre dos fotografías de dos personajes diferentes y compare algunos de sus rasgos físicos. Escriba las frases. Ejemplos: *Pablo es **más** alto **que** Patricia. Patricia es **menos** alta **que** Pablo. Pero Patricia es **tan** simpática **como** Pablo.*
A continuación, pida a los estudiantes que abran el libro por la página 56 y lean las frases. Aclare cualquier duda.

Consolidación: anime a los alumnos a que comparen algunos objetos y elementos del aula. Ejemplos: *El libro es más grueso que el cuaderno. Los pupitres son menos grandes que la mesa del profesor.*
Esta actividad puede resultar una buena oportunidad para introducir vocabulario nuevo.

Actividades 5 y 6

Atraiga la atención de los alumnos hacia el cuadro de los colores y coméntelo. Haga hincapié en que *azul, gris, marrón, verde, naranja, rosa* y *violeta* no varían en género: *Una falda azul, un vestido azul.*

Lea en alto el nombre de cada prenda para dar el modelo de pronunciación y dé unos minutos a los estudiantes para que se familiaricen con este vocabulario nuevo.

Consolidación
Proponga la siguiente actividad (en grupos o en parejas): un alumno describe las prendas de uno de los maniquíes y sus compañeros tienen que indicar cuál es.

Deje que los estudiantes se distribuyan en parejas y realicen la actividad. Anímelos a que escriban todas las frases para luego presentarlas ante la clase.

Los que terminen antes podrán repetir el ejercicio cambiando de compañero.

Ponga todas las propuestas en común, primero con *más ... que*, luego con *menos ... que* y, por fin, con *tan ... como.*

Para que los alumnos puedan sacar partido de las producciones de sus compañeros, sugiérales que copien las frases en su cuaderno.

> **Posibles respuestas:**
> – *La chaqueta azul es más cara que la roja.*
> – *El vestido violeta es más juvenil que el marrón.*
> – *El vestido marrón es más ancho que el violeta.*
> – *El vestido marrón es menos elegante que la chaqueta azul.*
> – *Los pantalones negros son menos elegantes que los grises.*
> – *La chaqueta azul es menos estrecha que la roja.*
> – *El jersey amarillo es tan bonito como el rojo y verde.*
> – *El jersey amarillo es tan caro como el rojo y verde.*

Actividad 7

• **Comprensión auditiva: discriminar entre afirmaciones verdaderas o falsas.**

Dé unos minutos a los alumnos para que lean las frases y ponga la cinta tres veces.
Primera audición, para que descubran el texto.
Segunda audición, para que contesten, individualmente y por escrito.
Corrija colectivamente y realice una tercera audición para comprobar.

> **Respuestas:**
> *1.F; 2.V; 3.F; 4.V; 5.V; 6.F.*

Ampliación: pida a los estudiantes que corrijan las frases falsas.

¡Ojo! Si el color va acompañado de un adjetivo calificativo, es *invariable*.

5 Observe.

LOS COLORES

amarillo/a		amarillos/as	
negro/a	rojo/a	**negros/as**	rojos/as
blanco/a		blancos/as	
azul/es	gris/es	**marrón/es**	verde/s
naranja/s	rosa/s	**violeta/s**	

 Unos pantalones **azul marino**.

 Unas chaquetas **verde claro**.

 Unas cazadoras **marrón claro**.

6 Miren las prendas de este escaparate, luego compárenlas. Usen los adjetivos de la lista.

caro/a ⟷ barato/a   ancho/a ⟷ estrecho/a   formal ⟷ informal
elegante   bonito/a ⟷ feo/a   juvenil

- *Estos pantalones negros son más bonitos que los grises.*
- ◆ *¿Tú crees? Yo prefiero los grises.*

7 Escuche la conversación y diga si las siguientes afirmaciones son verdaderas o falsas.

	V	F
1. El bolso verde es más caro que el negro.	☐	☐
2. El bolso negro es tan bonito como el verde.	☐	☐
3. Los guantes negros son menos caros que los azules.	☐	☐
4. Los guantes negros son más elegantes que los azules.	☐	☐
5. La cartera roja es más barata que la marrón.	☐	☐
6. La cartera marrón es tan clásica como la roja.	☐	☐

ADVERBIOS DE INTENSIDAD

Tus pantalones son muy bonitos.

Sí, mucho

8 Observe.

	Adverbio	Adjetivo
La falda es	bastante	bonita.
	muy	juvenil.
	realmente	elegante.
La falda no es	nada	cara.
El jersey no es	nada	elegante.

	Adverbio	Adjetivo
El jersey es	bastante	feo.
	muy	largo.
	realmente	grande.
	demasiado	ancho.
	un poco	estrecho.

9 Observe las prendas de estas personas y forme frases con un elemento de cada columna.

 Arturo

 Valeria

La ropa de Valeria es		bonito.
El vestido es		juvenil.
El bolso es	muy	bonitos.
Arturo no es	realmente	grande.
Los pantalones son	bastante	larga.
La chaqueta es	demasiado	estrechos.
La camisa es	nada	elegantes.
La camisa no es	un poco	feos.
Los zapatos son		elegante.
		corta.

La ropa de Valeria es muy/bastante juvenil.

EXPRESAR GUSTOS Y PREFERENCIAS

10 Observe.

• ¿Qué te/le parece esta chaqueta?

☺
♦ Me parece muy bonita.
♦ Me encanta.
♦ Me gusta (muchísimo/mucho/bastante).
♦ Es preciosa.

☹
♦ Me parece (demasiado/muy/un poco) larga.
♦ No me gusta (mucho/nada).
♦ Es muy fea.

😐 ♦ No sé.

• ¿Qué te/le parecen estos zapatos?

☺
♦ Me parecen muy elegantes.
♦ Me encantan.
♦ Me gustan (muchísimo/mucho/bastante).
♦ Son preciosos.

☹
♦ Me parecen (demasiado/muy/un poco) anchos.
♦ No me gustan (mucho/nada).
♦ Son muy feos.

😐 ♦ No sé.

11 Escuche los diálogos en una tienda de ropa. ¿De qué están hablando en cada uno de ellos? Escriba el número que corresponde.

Actividad 8

• **Observar la morfología de los adverbios de intensidad.**

Llame la atención de la clase sobre los cuadros y coméntelos. Haga hincapié en que *nada* se usa siempre en frases negativas.

Actividad 9

• **Expresión oral o escrita: formar frases uniendo diferentes elementos.**

Antes de iniciar el ejercicio, haga un repaso del nombre de cada prenda.

A continuación, deje que los estudiantes observen la ilustración y trabajen individualmente. Pase por las mesas para comprobar las respuestas y corregir los errores más significativos.
Antes de corregir colectivamente, proponga a los alumnos que comparen sus respuestas con las de un compañero.

> **Posibles respuestas:**
> La ropa de Valeria es muy juvenil. El vestido es bastante elegante. El bolso es realmente bonito. El bolso es un poco grande. Arturo no es nada elegante. Los pantalones son demasiado estrechos. Los pantalones son muy feos. La chaqueta es un poco corta. La camisa es demasiado grande/larga. La camisa no es nada elegante. Los zapatos (Valeria) son muy bonitos/ elegantes. Los zapatos (Arturo) son muy feos.

Actividad 10

• **Observar la expresión de gustos y preferencias.**

Solicite un voluntario para leer las frases del cuadro y aclare cualquier duda.

Para que empleen las estructuras, pregunte su opinión a los estudiantes acerca de algunas prendas que lleve usted puestas. Ejemplos: *¿Qué te parecen estos pantalones? ¿Qué te parece este jersey?*

Actividad 11

• **Comprensión auditiva: relacionar diálogos con ilustraciones.**

Recuerde el nombre de cada prenda o complemento: *dos camisetas, una falda, un jersey, un cinturón.*

Lea la instrucción a los estudiantes y ponga la cinta tres veces.
Primera audición, para que se familiaricen con los diálogos.
Segunda audición, para que marquen las respuestas.
Corrija colectivamente y realice una tercera audición para comprobar.

> **Respuestas:**
> 1. La falda. 2. El jersey. 3. Las camisetas.
> 4. El cinturón.

Consolidación: pregunte a los estudiantes qué elementos de las frases les han ayudado a contestar.
• *La falda* > El adjetivo *larga. Falda* es la única palabra femenina singular.
• *Las camisetas* > Es la única palabra en plural. Los términos y estructuras *lindas, gustan, parecen, anchas* indican que se trata de algo en plural.
• *El jersey* y *el cinturón* sólo pueden distinguirse por el adjetivo *corto* y porque se menciona el color (verde). Los otros términos podrían ser válidos para ambos (*feo, estrecho, elegante, bonito, precioso*).

Actividad 12

• **Observar la posición de los pronombres personales (indirecto + directo) con relación al verbo (indicativo/imperativo).**

Antes de comentar el cuadro, si lo ve necesario, repase los pronombres personales complemento (directo e indirecto) que aparecen en el resumen gramatical de la página 117.

Lea las frases y aclare las dudas.

Insista en que los pronombres complemento van unidos al verbo en imperativo afirmativo.

Consolidación: pida a los alumnos que transformen estas frases, como en el cuadro:
• ¿Me pongo la camisa?
• ¿Me pruebo los pantalones?
• ¿Me compro el abrigo?
• ¿Me compras calcetines?
• ¿Le envuelvo los guantes?
• ¿Te regalo la sortija?
• ¿Te doy las chaquetas?
• ¿Les enseño la bufanda?

Si le parece conveniente, comente la presencia de la tilde en *póntelo, dámelos,* ya que se convierten en palabras esdrújulas. (El acento no debe desplazarse de lugar.)

Actividad 13

• **Expresión escrita: transformar frases según un modelo.**
• **Practicar los pronombres personales complemento directo e indirecto.**

Centre la atención de los alumnos en el ejemplo y pídales que expliquen la posición de los pronombres. A continuación, deles unos minutos para que escriban las frases. Pase por las mesas para comprobar las respuestas y ayudar a los estudiantes que lo necesiten. Este es un ejercicio algo difícil, por lo tanto, valore los aciertos de los estudiantes. Vaya anotando los errores más comunes y corríjalos todos al final. No dude en parar la realización del ejercicio si tiene que dar explicaciones que puedan resultar de interés para toda la clase.

Si comprueba dificultades, realice la actividad en tres fases.
• Diga a los estudiantes que se fijen en los complementos directos y los sustituyan por un pronombre. Ejemplos: 1) un libro > lo. 3) las historias > las. 7) los precios > los.
• Siga el mismo procedimiento con los indirectos (subraye que van precedidos por una preposición). Ejemplos: 1) a su mujer > le. 2) a mis amigos > les. 3) para usted > le.
• Por fin, invíteles a que construyan las frases ordenando correctamente los pronombres y realizando los cambios necesarios: primero el indirecto y luego el directo, y transformando le/les en se, ya que van delante de lo/los/las.

Respuestas:
1. Se lo compra. 2. Se lo hago. 3. Se las cuento. 4. Se los he traído. 5. Se lo doy. 6. Se lo regalas. 7. Se los indica.

Actividades 14 y 15

• **Comprensión auditiva y expresión escrita: terminar frases y clasificarlas.**

Explique a la clase que tiene que formar oraciones en imperativo usando pronombres personales (indirecto + directo). Ponga la cinta parándola entre cada situación y diga a los estudiantes que se fijen en el género y número de las palabras que han de sustituir por pronombres. Deje que trabajen individualmente y por escrito. Comente el ejemplo para facilitarles la tarea. Luego, sugiérales que comparen sus respuestas con las de un compañero.
Corrija colectivamente y anote las formas en el encerado.
Escuchen la grabación para comprobar.

Consolidación: remita a los alumnos a la transcripción de la página 114. Anímelos a que construyan más frases imitando las que acaban de oír cambiando el nombre de los objetos o prendas. Ejemplo:
¡Qué bonita es **esta pulsera**! ¿Me **la** compras? / Cómpramela.

Respuestas:
1. Cómpramelo. No me lo compres.
2. Póntela. No te la pongas.
3. Enséñamelos. No me los enseñes.
4. Pruébatelos. No te los pruebes.
5. Envuélvemelo. No me lo envuelvas.

Actividad 16

• **Expresión escrita: transformar frases en imperativo (tú → usted).**

Recuerde a los estudiantes que no olviden transformar los pronombres indirectos le/les en se cuando van seguidos por lo/los/la/las.

Deje que trabajen de manera individual. Pase por las mesas supervisando discretamente su trabajo y tome nota de los errores más frecuentes para comentarlos después con toda la clase (pero sin nombrar a los alumnos que los cometieron). Al corregir, no repita la forma incorrecta, dé sólo la correcta para que sea esta la que oigan los estudiantes (y por lo tanto memoricen). Cópielas en la pizarra.

Respuestas:
1. Cómpremelo. No me lo compre.
2. Póngasela. No se la ponga.
3. Enséñemelos. No me los enseñe.
4. Pruébeselos. No se los pruebe.
5. Envuélvamelo. No me lo envuelva.

primer plano

gramatical

PRONOMBRES CI + CD

 Observe.

¿Me pongo el jersey?	→ ¿Me lo pongo?	Póntelo. / No te lo pongas.
¿Me pruebo la camisa?	→ ¿Me la pruebo?	Pruébatela. / No te la pruebes.
¿Me compro los zapatos?	→ ¿Me los compro?	Cómpratelos. / No te los compres.
¿Me llevo las camisetas?	→ ¿Me las llevo?	Llévatelas. / No te las lleves.
¿Te/Le envuelvo el reloj?	→ ¿Te/Se lo envuelvo?	Envuélvemelo. / No me lo envuelvas.
¿Te/Le regalo la chaqueta?	→ ¿Te/Se la regalo?	Regálamela. / No me la regales.
¿Te/Le doy los pantalones?	→ ¿Te/Se los doy?	Dámelos. / No me los des.
¿Te/Le enseño las faldas?	→ ¿Te/Se las enseño?	Enséñamelas. / No me las enseñes.

- Orden de los pronombres:
  Primero el indirecto y luego el directo.
  Me pongo el jersey. → *Me lo pongo.*

le/les + lo	>	se lo
le/les + los	>	se los
le/les + la	>	se la
le/les + las	>	se las

*Cuando **le/les** se juntan con lo, la, los, las, se transforman en **se**.*

- Posición:
  - Normalmente, antes del verbo.
    Le doy la falda a mi hermana. → *Se la doy.*
  - En imperativo afirmativo: después del verbo y unidos a este.
    Dame los pantalones. → *Dámelos.*

 Sustituya las palabras en color por los pronombres correspondientes.

1. Santiago compra un libro a su mujer.   *Se lo compra.*
   ....
2. Hago un café para Carlos.
   ....
3. Cuento las historias a mis amigos.
   ....
4. He traído estos CD para usted.
   ....
5. Doy el vestido a la clienta.
   ....
6. Regalas un reloj a tu novia.
   ....
7. La dependienta indica los precios a los clientes. ....

 Escuche y complete las frases. Anote las formas en las columnas correspondientes.

	Afirmativo	Negativo
1.	*Cómpramelo.*	....
2.	....	....
3.	....	....
4.	....	....
5.	....	....

 Escuche de nuevo y compruebe. Luego, complete el cuadro con las formas que faltan.

 Ahora, escriba todos los verbos en la forma "usted".

SE RUEDA ④

Isabel Pilar

Belén

Silvio

Raúl

1 Describa la ropa de cada personaje.

• *Raúl lleva unos pantalones marrones anchos con...*

2 En los probadores...
Belén se está probando varias prendas y le pregunta su opinión a Silvio.
Imaginen las conversaciones.

a)

c)

b)

d)

Para hablar de la ropa empleamos:
" ¿Qué tal me/te/le queda/n?"

• *¿Qué te parecen estos pantalones?*

♦ *No me gustan nada. Te quedan demasiado estrechos.*

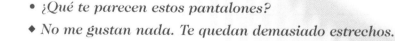

3 Ahora, escuche las conversaciones y relacione cada situación con una ilustración.

1. ....   3. ....

2. ....   4. ....

Actividad 1

• **Expresión oral: describir las prendas de vestir de unas personas.**

Anime a los estudiantes a que observen la ilustración y pídales que describan las prendas individualmente y por escrito (para que cada uno pueda trabajar a su propio ritmo). Indíqueles que han de mencionar el nombre, si es corta o larga, ancha o estrecha, y su color. Llame su atención sobre el ejemplo, destacando la estructura: *Raúl lleva* + nombre de las prendas.
Corrija colectivamente y, todos juntos, vuelvan a describir la ropa de cada personaje de la forma más detallada posible, a partir de todas las propuestas.

Si lo desea, aproveche esta actividad para introducir más vocabulario. Ejemplos: *la manga, el bolsillo, el cuello, los botones, la sortija, la pulsera, el collar, las medias, la ropa interior, la percha, de algodón, de piel, de lana.*

Variante
En parejas: un estudiante describe a una persona y su compañero la localiza en la ilustración.

Posibles respuestas:
• *Raúl lleva unos pantalones marrones, una camisa blanca, una corbata de rayas (marrones, naranjas y blancas), una chaqueta marrón y unos zapatos también marrones.*
• *Isabel lleva una camiseta blanca, una falda verde, larga y unos zapatos marrones.*
• *Pilar lleva una camiseta estrecha, blanca, una falda verde, corta, unos zapatos marrones y un bolso grande marrón.*
• *Silvio lleva un jersey ancho, azul, unos vaqueros, unos zapatos marrones y guantes negros.*
• *Belén lleva un vestido rojo, largo y estrecho, una chaqueta malva, un sombrero negro y zapatos grises.*

Actividad 2

• **Expresión oral y escrita: interacción en parejas (imaginar cuatro conversaciones en los probadores de una tienda de ropa).**

Como preparación, diga a los estudiantes que describan cada prenda que se ha probado Belén.
a. Unos pantalones estrechos; una camiseta corta.
b. Un vestido largo, rojo; una chaqueta corta.
c. Un vestido largo, amarillo, estrecho.
d. Un jersey largo; una falda roja, larga.

A continuación, deje que se distribuyan en parejas y llame su atención sobre el ejemplo y los detalles que han de mencionar:
• pedir la opinión,
• dar la opinión y justificarla. (Recalque el uso del adverbio *demasiado*.)

Antes de corregir colectivamente, proponga a los estudiantes que comparen sus respuestas con las de otro grupo y, juntos, redacten otra conversación usando las frases que más les gusten.

Invite a los grupos a que lean sus diálogos con la expresividad y la entonación adecuadas.

Actividad 3

• **Comprensión auditiva: relacionar textos con ilustraciones.**

Ponga la cinta una vez, parándola entre cada situación, y pregunte a los estudiantes a qué ilustración corresponde cada una.

Remítalos a la transcripción de la página 114 y dígales que comparen los diálogos con los que ellos escribieron en la actividad anterior.

Respuestas:
1.d; 2.c; 3.b; 4.a.

Libro del profesor

60a

episodio 4

- **Expresión escrita y oral: interacción en parejas (redactar y escenificar un diálogo en una tienda de ropa siguiendo un guión).**

Pida a los estudiantes que formen los grupos y lea con ellos la instrucción de la actividad y las diferentes frases. Resuelva las posibles dudas. Seguidamente, deles unos minutos para que escriban los diálogos. Circule por el aula para ver las producciones de los alumnos y ayudar a los que lo necesiten.

Para que se expresen con más fluidez y naturalidad, anímelos a que se aprendan su papel de memoria y procuren no leer sus apuntes durante la representación. Explíqueles asimismo que han de actuar con la entonación más adecuada posible.

Si dispone de una cámara, grábelos para que luego puedan apreciar sus progresos y autoevaluarse.

Respuestas:

– *Buenos días, ¿le puedo ayudar?*
* *Quería unos pantalones.*
– *¿Cómo los quiere?*
* *Pues... negros y anchos.*
– *¿Qué talla usa?*
* *La 42.*
– *Mire, tenemos estos modelos, ¿qué le parecen?*
* *Estos me gustan mucho.*
– *Sí, son muy bonitos. ¡Pruébeselos!*
* *¿Dónde están los probadores?*
– *Están allí, al fondo.*

– *¿Qué tal le quedan?*
* *Me quedan muy bien. ¿Cuánto cuestan?*
– *58 euros.*
* *Me los llevo. ¿Admiten tarjeta?*
– *Por supuesto, Checkin y Mastermoney.*

– *¿Qué tal le quedan?*
* *No me gustan, me quedan demasiado pequeños. ¿Tiene otra talla más grande?*
– *Por supuesto, ahora se los doy.*
  ¿Qué tal le quedan?
* *Me quedan muy grandes.*
– *¿Quiere ver otros modelos?*
* *No, no, déjelo, volveré otro día.*

4 Estudiante A: usted también ha ido a esta tienda a comprarse ropa. Hable con el dependiente. Redacten y escenifiquen las dos situaciones posibles. Use estas frases:

Pida unos pantalones.

↓

Los quiere negros y anchos.

↓

Indique su talla.

↓

Elija un modelo.

↓

Pregunte dónde están los probadores.

Le quedan muy bien.	Le quedan demasiado pequeños.
↓	↓
Pregunte el precio.	Pida una talla más grande.
↓	↓
Los compra. Quiere pagar con tarjeta.	Le quedan grandes.
	↓
	No quiere ver otro modelo. Se va.

- *Me quedan muy bien.*
- *No, no, déjelo, volveré otro día.*
- *Pues... negros y anchos.*
- *¿Tiene otra talla más grande?*
- *Me quedan muy grandes.*
- *Estos me gustan mucho.*
- *Quería unos pantalones.*
- *¿Dónde están los probadores?*
- *La...*
- *Me los llevo. ¿Admiten tarjetas?*
- *No me gustan, me quedan demasiado pequeños.*
- *¿Cuánto cuestan?*

Estudiante B: usted es el dependiente de la tienda de ropa. Ayude a su compañero. Use las siguientes frases:

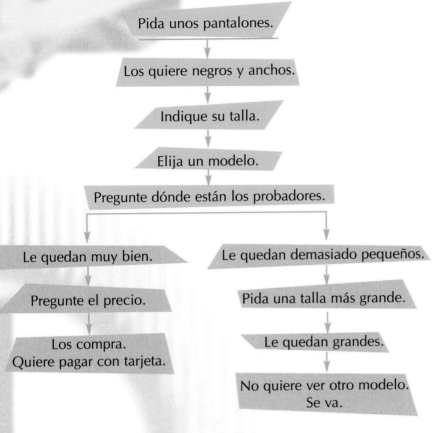

Buenos días. ¿Le puedo ayudar?

Por supuesto, ahora se los doy.

¿Qué talla usa?

Están allí, al fondo.

Mire, tenemos estos modelos. ¿Qué le parecen?

Por supuesto, Checkin y Mastermoney.

¿Quiere ver otros modelos?

¿Cómo los quiere?

Sí, son muy bonitos. ¡Pruébeselos!

58 euros.

¿Qué tal le quedan?

aprendiendo
EL GUIÓN

Archivo

← Atrás

Dirección
Atender al cliente

- ¿Qué desea/s? | • ¿Le/Te puedo ayudar?

Pedir y describir una prenda

- Quería
  - un vestido.
  - una falda.
  - unos pantalones.
  - unas camisas.

 ◆ Por supuesto, ¿cómo

  - lo
  - la
  - los
  - las

  | quiere/s?

- Pues

negro/a/s	liso/a/s	ancho/a/s	de algodón.
azul/es	de cuadros	estrecho/a/s	de piel.
marrón/es	de rayas	largo/a/s	de lana.

Preguntar la talla

- ¿Qué talla
  - usa/s?
  - tiene/s?

  ◆ La 40.

Preguntar y expresar la opinión

- No me gusta/n.

- ¿Le/Te gusta/n?
- ¿Cómo me queda/n?
- ¿Qué le/te parece/n?

◆ Me gusta/n mucho.
◆ Le/Te queda/n muy bien.

- Le/Te queda/n

un poco	largo/a/s.
muy	corto/a/s.
demasiado	ancho/a/s.
	estrecho/a/s.

aquí y allá

1. La cazadora
   La campera (Arg.)
   La chamarra (Méx.)
2. El bañador, el traje de baño
   La malla (Arg.)
   El traje de baño (Méx.)
3. Las bragas
   La bombacha (Arg.)
   Los calzones (Méx.)
4. El sujetador
   El corpiño (Arg.)
   El brassier (Méx.)
5. El jersey
   El pulóver, suéter (Arg.)
   El suéter de punto (Méx.)
6. El chaquetón
   El sacón (Arg.)
7. Los vaqueros
   El jean (Arg.)
8. Las zapatillas de deporte
   Los tenis (Méx.)
9. Los calcetines
   Las medias (Arg.)
10. La cremallera
    El cierre (Arg./Méx.)
11. La chaqueta
    El saco (Arg./Méx.)
12. La falda
    La falda, la pollera (Arg.)
13. El bolso
    La bolsa (Méx.)
14. Las sandalias
    Los huaraches (Méx.)

Tareas en Internet

62
primer plano

Comprando ropa por Internet

Adelante   Detener   Actualizar   Inicio   Búsqueda   Favoritos   Correo   Imprimir

http://www.venca.es   ▼   ↗ Ir a

Situación: usted quiere consultar un catálogo de ropa para comprar algunos artículos.

Visite la página web de Venca: http://www.venca.es.

① Moda informal

- ¿En qué temporada de moda estamos?
- Seleccione "mujer" u "hombre", y a continuación **moda informal**.
  - ¿Qué prenda le gusta más? Pulse sobre ella.
  - ¿Qué características tiene (color, composición, forma...)?
  - ¿Cuál es el precio?

② ¿Qué talla tiene?

- Pulse en **comprueba tu talla**.
- ¿Cómo se comprueba la talla?
- ¿Qué elementos hay que tener en cuenta para determinarla?
  - para una mujer:
  - para un hombre:
- Vuelva a la página de la prenda.
  - ¿Qué precio tiene la prenda escogida en su talla?

Para saber más...

Elija complementos y zapatos apropiados

- En la página principal seleccione **complementos** y escoja alguno que le quede bien con la prenda anterior.
- Haga lo mismo con el calzado.
- ¿Cuánto dinero se ha gastado en total?

Internet

EN UNA FARMACIA

La cabeza

La garganta

Mire, me duele mucho la cabeza y la garganta y tengo tos y estoy muy cansada.

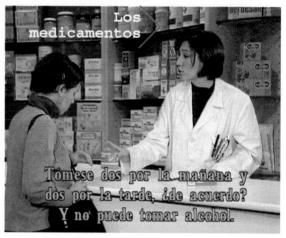

Los medicamentos

Tómese dos por la mañana y dos por la tarde, ¿de acuerdo? Y no puede tomar alcohol.

– Que se mejore.

El jarabe

La pomada

Las gotas ＞

Las cápsulas ＜

Los comprimidos ＞

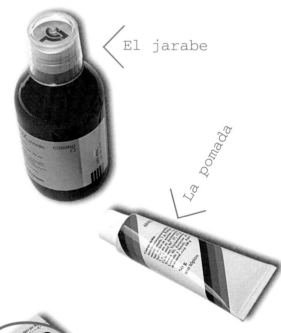

Los sobres ＜

transcripción

Farmacéutica: Buenos días, ¿qué desea?

Isabel: Buenos días. Mire, me duele mucho la cabeza y la garganta y tengo tos y estoy muy cansada. ¿Me podría dar algo?

F.: ¿Tiene fiebre?

I.: No, no, no creo.

F.: Parece un resfriado. ¿Está tomando alguna medicación?

I.: No, no, ninguna.

F.: ¿No? Bueno, pues le voy a dar... vamos a ver... aquí: estos sobres. Tómese dos por la mañana y dos por la tarde, ¿de acuerdo? Y no puede tomar alcohol.

I.: No importa.

F.: De todas maneras, si sigue igual dentro de dos o tres días lo aconsejable es ir al médico.

I.: Bien. ¿Cuánto le debo?

F.: Un momentito...
Quinientas veinticinco.

3,15 euros

I.: A ver, quinientas veinticinco.

F.: Muy bien, pues muchas gracias.

I.: Chao. Hasta luego.

F.: Que se mejore.

Entrando en materia

Relacione cada dolor con el medicamento correspondiente.

1. Dolor de oídos.   a. El jarabe.
2. Dolor de cabeza.   b. La pomada.
3. Dolor de garganta.   c. El comprimido.
4. Dolor de rodillas.   d. Las gotas.

¿Ha comprendido bien?

¿Verdadero o falso?

		V	F
1	A Isabel le duele la cabeza.	☒	☐
2	Tiene fiebre.	☐	☒
3	Está tomando aspirinas.	☐	☒
4	La farmacéutica le da una caja de sobres.	☒	☐
5	Isabel tiene que tomar cuatro sobres al día.	☒	☐
6	Con esta medicación, no puede beber alcohol.	☒	☐
7	Si su estado no mejora tendrá que ir al hospital.	☐	☒
8	Los sobres cuestan quinientas setenta y cinco pesetas.	☐	☒

Secuencias

Ordene el diálogo de cada secuencia.

c
Buenos días. Mire, me duele mucho la cabeza y la garganta y tengo tos y estoy muy cansada. ¿Me podría dar algo?

b
¿Tiene fiebre?

a
Parece un resfriado. ¿Está tomando alguna medicación?

d
Buenos días, ¿qué desea?

1. ....d....
2. ....c....
3. ....b....
4. ....e....
5. ....a....
6. ....f....

e
No, no, no creo.

f
No, no, ninguna.

a De todas maneras, si sigue igual dentro de dos o tres días lo aconsejable es ir al médico.

1. .... **c**
2. .... **b**
3. .... **a**

b No importa.

c Bueno, pues le voy a dar... vamos a ver... aquí: estos sobres. Tómese dos por la mañana y dos por la tarde, ¿de acuerdo? Y no puede tomar alcohol.

a Que se mejore.

b Un momentito... Quinientas veinticinco.

1. .... **c**
2. .... **b**
3. .... **e**
4. .... **f**
5. .... **d**
6. .... **a**

d Chao. Hasta luego.

c ¿Cuánto le debo?

e A ver, quinientas veinticinco.

f Muy bien, pues muchas gracias.

¡A escena!

En una farmacia.
¿Qué se dice para...?

- **Hablar del estado físico.**
- **Pedir algo al farmacéutico.**
- **Dar consejos a un enfermo.**

En parejas: representen la siguiente situación.

Estudiante A: le duele mucho el estómago y entra en una farmacia para pedir un medicamento.

Estudiante B: usted trabaja en una farmacia. Atienda a su compañero/a.

HABLAR DEL ESTADO FÍSICO

1 Observe el cuadro. Después localice las estructuras en los diálogos de las ilustraciones.

Tener + sustantivo
Estar + adjetivo
Tener dolor de + nombre de la parte del cuerpo
Doler + nombre de la parte del cuerpo (singular)
Doler + nombre de la parte del cuerpo (plural)
Encontrarse mal / fatal

Me encuentro fatal. Tengo fiebre y dolor de cabeza.

Yo también estoy resfriado. Y tengo tos.

¿Qué le pasa?

Estoy enfermo. Me duele el estómago. ¿Y a usted?

Me duelen los oídos.

el pelo
la oreja
el ojo
el cuello
el hombro
la nariz
el pecho
la boca
la espalda
el codo
el estómago
el brazo
el dedo
las caderas
el tobillo
la muñeca
la pierna
la rodilla
el pie

2 Observe.

DOLER				
(A mí)	me			
(A ti/vos)	te			la cabeza.
(A él/ella/usted)	le	duele	(un poco,	el estómago.
(A nosotros/as)	nos		mucho,	
(A vosotros/as)	os	duelen	muchísimo)	los dientes.
(A ellos/ellas/ ustedes)	les			las piernas.

3 Escuche y marque qué le duele a cada persona.

A Silvia					
A Natalia					
A Antonia					
A Carlos					

Actividad 1

• Comprensión lectora: localizar exponentes lingüísticos.

Llame la atención de la clase sobre las estructuras del cuadro y coméntelo. A continuación, lea el contenido de cada bocadillo para dar el modelo de pronunciación y entonación de las frases, y solicite voluntarios para repetirlas. Resuelva las dudas de vocabulario recurriendo a la mímica. A continuación, pida a los estudiantes que busquen las formas presentadas en el cuadro.
Antes de corregir colectivamente, sugiérales que comparen sus respuestas con las del compañero más cercano.

Deje que los estudiantes observen la ilustración y descubran los nombres de las partes del cuerpo. Deles unos minutos para que se familiaricen con los mismos. Pídales que se agrupen en parejas y clasifiquen las palabras: *cabeza, miembros superiores, miembros inferiores, tronco.*

Consolidación. Proponga la siguiente actividad lúdica:
Organice la clase en parejas y pida a estas que se sienten formando un círculo. Déjeles unos minutos para que intenten memorizar este nuevo vocabulario. Dígales que cierren el libro y escriban en una hoja en blanco todas las palabras que recuerden. Deles un minuto. Luego, cada pareja deberá dar su hoja a sus compañeros de la izquierda y estos tendrán que añadir los términos que falten (también en el espacio de un minuto). Repita este último paso dos veces. Por fin, cada pareja recuperará su hoja y leerá la lista de palabras a sus compañeros.

Actividad 2

• Observar la morfología del verbo *doler*.

Deje que los alumnos observen el cuadro e indique que *doler* se construye como *gustar*. Hágales notar que es un verbo con diptongo *(o > ue)*.

Consolidación: invite a los estudiantes a que formen frases usando *Me duele/n* + palabras de la ilustración.
Ejemplos:
• *Me duele la rodilla. Me duele el pecho.*
• *Me duelen los brazos. Me duelen los pies.*

Variante: un alumno dice una frase y los demás señalan la parte del cuerpo correspondiente.

Actividad 3

• Comprensión auditiva: escuchar para extraer información específica.

Ponga la cinta tres veces.
Primera audición, para que los estudiantes se familiaricen con los diálogos. ¿Qué nombres de partes del cuerpo han captado?
Segunda audición, para que marquen las casillas correspondientes.
Corrija colectivamente y realice una tercera audición para comprobar.

Consolidación: remita a la clase a la transcripción de la página 114 y solicite voluntarios para representarla. Para que se expresen con la máxima fluidez, anímelos a que se aprendan su papel de memoria y procuren no leer el texto durante la representación. Explíqueles asimismo que han de actuar con la entonación más adecuada posible.

Ampliación: sugiera a los estudiantes que completen el diálogo con dos personajes más: *Irene y Alfonso.*
Los voluntarios podrán escenificar su conversación ante la clase.

Respuestas:
• *A Silvia: los brazos*
• *A Natalia: la cabeza, la espalda.*
• *A Antonia: las piernas, los pies.*
• *A Carlos: la espalda, las piernas, los brazos, los pies, la cabeza.*

Actividad 4

• **Observar la morfología del superlativo.**

Deje que los estudiantes examinen el cuadro y hagan sus deducciones.

Consolidación: pídales que formen el superlativo de los siguientes adjetivos: *buena, difícil, inteligente, salado, rápida, pequeño, grande, corta, elegante, barato.*

Actividad 5

• **Comprensión auditiva: relacionar textos con ilustraciones.**
• **Expresión oral: transformar frases según un modelo.**

Antes de poner la cinta, invite a los estudiantes a que observen las ilustraciones e intenten adivinar el contenido de cada minidiálogo empleando la estructura *¡qué* + adjetivo! Luego, pídales que trabajen de manera individual y por escrito, y comparen sus respuestas con las de un compañero. Corrija colectivamente. Escriba los adjetivos y los superlativos correspondientes en la pizarra.

Respuestas:
1.c; 2.d; 3.a; 4.b.

Actividad 6

• **Comprensión auditiva y expresión oral: escuchar diálogos y deducir su tema.**

Pida a los alumnos que formen los grupos. Ponga la cinta una vez, parándola después de cada situación y anime a los estudiantes a que den varias respuestas posibles. Dígales que las escriban.
Ponga todas las propuestas en común e invite a los estudiantes a que las copien en su cuaderno.

Posibles respuestas:
1. Una película, una obra de teatro, una persona…
2. Un pastel…
3. Una película, una reunión…
4. Un chico…
5. Una falda, una chaqueta, una cazadora, una camiseta…

Ampliación: proponga a cada grupo que invente más diálogos como los de la grabación para leérselos luego al resto de la clase.

Actividad 7

• **Expresión escrita: practicar las frases exclamativas y los superlativos.**

Realice otra audición y diga a los alumnos que trabajen de manera individual. Antes de proceder a la corrección, propóngales que comparen sus respuestas con las del compañero más cercano y las corrijan juntos si es preciso.

Respuestas:
1. ¡Qué divertida! *Divertidísima.*
2. ¡Qué rico! *Riquísimo.*
3. ¡Qué larga! *Larguísima.*
   ¡Qué aburrida! *Aburridísima.*
   ¡Qué interesante! *Interesantísima.*
4. ¡Qué guapo! *Guapísimo.*
5. ¡Qué corta! *Cortísima.*

Explique a la clase que el sufijo –*ísimo* en la palabra *casadísimo* es incorrecto pero que se usa de forma humorística: la mujer emplea esta palabra para insistir en el hecho de que el hombre ya está casado.

EL SUPERLATIVO

 Observe.

Estoy muy cansada.	= Estoy cansadísima.	
Este libro es muy interesante.	= Es interesantísimo.	
El ejercicio es muy fácil.	= Es facilísimo.	

¡Qué + adjetivo!

¡Qué cansada estoy!
¡Qué interesante!
¡Qué fácil!

muy rico/a > riquísimo/a   muy largo/a > larguísimo/a

 Escuche y localice cada situación. Luego, transforme las frases como en el modelo.

a

Está muy salada. Está saladísima.

c

....

b

d

....

 En grupos de tres. Escuchen. ¿De qué o de quién piensan que están hablando? Luego, comparen sus respuestas con las de otro grupo.

1. • *Están hablando de una película.*
   ◆ *No, están hablando de una persona.*

Vuelva a escuchar la grabación y complete el cuadro.

	¡QUÉ + ADJETIVO!	SUPERLATIVO
1.	*¡Qué divertida!*	*Divertidísima.*
2.		
3.		
4.		
5.		

CONSEJOS Y RECOMENDACIONES

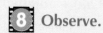 **Observe.**

A. *Para dar un consejo de forma personal.*

(No) Tener que	+ infinitivo		tienes/tenés/tiene que ir al médico.
(No) Deber	+ infinitivo	Si te/le duele la cabeza,	debes/debés/debe ir al médico.
Imperativo			ve/andá/vaya al médico.
¿Por qué no	+ presente?		¿por qué no vas/andás/va al médico?

 Escuche e indique con qué ilustración se corresponden los consejos o recomendaciones.

10 **En grupos de tres. Encuentren más consejos y recomendaciones para cada persona.**

1 • *Tiene tos porque fuma demasiado. Tiene que dejar de fumar.*
   ◆ *Sí, pero no es fácil...*

B. *Para dar un consejo de forma impersonal.*

(No) Hay que			hay que ir a una academia.
(No) Conviene	+ infinitivo	Para hablar bien español	conviene leer mucho.
(No) Se debe			se debe estudiar mucho.
(No) Es aconsejable			es aconsejable ir a España.

 En grupos de tres. ¿Qué hay o no hay que hacer en las siguientes situaciones? Escriban al menos dos recomendaciones para cada una.

1. Para estar en forma.   2. Para evitar el estrés.   3. Para no engordar.

• *Para estar en forma hay que hacer mucho deporte y dormir ocho horas diarias.*
◆ *Exacto. Y conviene no fumar ni beber alcohol.*
■ *Sí, y no hay que acostarse demasiado tarde ni tomar mucho café.*

Actividad 8

• Observar la expresión de consejos y recomendaciones.

En esta primera fase de la lección, los estudiantes van a aprender cómo dar consejos y recomendaciones de forma personal, es decir, dirigidos a una persona concreta.

Deje que lean el cuadro y, antes de pasar a la actividad siguiente, anímelos a que le pregunten dudas. Recuérdeles que la forma marcada en verde es la correspondiente a *vos*.

Actividad 9

• **Comprensión auditiva: relacionar textos con ilustraciones.**

Motivación
Dé unos minutos a los estudiantes para que se familiaricen con las ilustraciones y pregúnteles cuál puede ser el problema de cada persona.
• *1. No puede respirar bien. Tiene tos.*   • *2. Tiene muchísimo trabajo.*
• *3. Está demasiado gordo.*   • *4. No puede dormir. No puede conciliar el sueño.*

Esta actividad puede resultar una buena oportunidad para repasar/ampliar vocabulario. Haga preguntas como las siguientes (ejemplo, ilustración 1):
• *¿Dónde están los dos personajes?*   • *¿Cómo son físicamente?*
• *¿Qué están haciendo?*   • *¿Qué ropa llevan?*

A continuación ponga la cinta (las veces que resulten necesarias) para que relacionen cada diálogo con un dibujo.
Corrija colectivamente y deje que vuelvan a escuchar los minidiálogos para comprobar.

También puede plantear la actividad del siguiente modo: antes de realizar la audición, sugiera a los alumnos que anticipen su contenido. Anímelos a que le pregunten vocabulario usando *¿Cómo se dice ... en español?*

Consolidación: ponga la cinta una vez más e invite a los estudiantes a que escriban las recomendaciones y, luego, las vuelvan a expresar usando las demás estructuras del cuadro de la actividad 8.

Respuestas:
1. c; 2.b; 3.d; 4.a.

Actividad 10

• **Expresión oral: interacción en grupos de tres (formular consejos y recomendaciones).**

Llame la atención de los estudiantes sobre el ejemplo y anímelos a que expresen los consejos usando *(No) Tiene que / Debe* + infinitivo.

Posibles respuestas:
1. Tiene que fumar menos. Tiene que dejar de fumar. Debe cuidarse más.
2. No debe comer grasas ni dulces.
3. Tiene que descansar. No debe llevarse trabajo a casa.
4. No debe tomar café por la tarde. No tiene que acostarse demasiado tarde.

Consolidación: ponga todas las propuestas en común y elijan juntos las dos más "efectivas" para cada situación.

Actividad 11

• **Expresión oral: interacción en grupos de tres (dar consejos y recomendaciones).**

Llame la atención de los estudiantes hacia el cuadro con las estructuras para dar un consejo de forma impersonal.

Pida a un voluntario que lea en voz alta las tres situaciones y resuelva las dudas de vocabulario. A continuación dé unos minutos a los alumnos para que realicen la actividad. Anímelos a que busquen en el diccionario las palabras que necesiten. Al corregir, anote en la pizarra los términos nuevos y sugiera a los estudiantes que los escriban en su cuaderno.

Posibles respuestas:
2. No hay que trabajar mucho. Es aconsejable tomarse las cosas con calma. Se debe llevar una dieta equilibrada. Es recomendable dedicar tiempo a la diversión y a salir con los amigos.
3. No hay que comer grasas ni dulces. Es aconsejable comer verdura. Se debe beber mucha agua. Conviene practicar algún deporte.

Actividad 12

• Observar la morfología y el uso de *poco, mucho, demasiado*.

Deje que los estudiantes examinen el cuadro y hagan sus primeras deducciones. Llame su atención sobre la posición de estas palabras con relación al nombre (antes) y al verbo (después).

Para comprobar que lo han entendido, invítelos a que construyan más frases.
Proporcione los siguientes ejemplos: *Como mucha verdura. Me gustan mucho los gatos. Tengo muchos amigos en España. Hago poco deporte. Viajo demasiado por el trabajo. Conozco muchas canciones españolas.*

Actividad 13

• Expresión oral o escrita: formar frases uniendo diferentes elementos.

Pida a un voluntario que lea las palabras en voz alta y resuelva las dudas de vocabulario. A continuación, distribuya a los estudiantes en parejas y deles unos minutos para que trabajen (de manera individual, si lo hacen por escrito).

Posibles respuestas:
• *Las hamburguesas son malas porque tienen demasiada grasa.*
• *Las patatas fritas son malas porque tienen demasiada grasa.*
• *Los cereales son buenos porque tienen mucha fibra.*
• *Las naranjas son buenas porque tienen mucha vitamina C.*
• *El pescado es bueno porque tiene muchas proteínas.*
• *Los refrescos son malos porque tienen demasiado azúcar.*
• *La fruta es buena porque tiene muchas vitaminas.*
• *La verdura es buena porque tiene muchos minerales.*
• *El café es malo porque tiene mucha cafeína.*

Actividad 14

• Comprensión auditiva: escuchar para extraer información específica.

Antes de realizar la audición, escriba en la pizarra las palabras nuevas que aparecen en la grabación (véase página 114) y explique su significado.

Ponga la cinta dos veces.
Primera audición, para que los estudiantes se familiaricen con el texto.
Segunda audición, para que realicen la actividad.

Corrija del siguiente modo: remita a los alumnos a la transcripción de la página 114 y solicite un voluntario para leerla de forma expresiva. Luego, comparen las frases con las respuestas anteriores.

Actividad 15

• Expresión oral en torno a los efectos beneficiosos y perjudiciales de algunos alimentos.

Distribuya a los estudiantes en grupos de tres y pídales que reproduzcan el siguiente cuadro y escriban el nombre de diez alimentos:

Alimento	Es bueno porque...	Es malo porque...

A continuación, invítelos a que lo completen. Pase por las mesas para ayudar a los alumnos que lo necesiten y proporcionar el vocabulario necesario. Por fin, motive a cada grupo para que presente sus respuestas a la clase.

Si algunos grupos han elegido el mismo alimento, resultará provechoso comparar las respuestas de cada uno.

POCO, MUCHO, DEMASIADO

on un **nombre**: concuerdan en **énero** y **número**.

Con un **verbo**: son **invariables**.

12 Observe.

Bebo poca / demasiada / mucha leche.
Tomo pocas / demasiadas / muchas frutas.
Como poco / demasiado / mucho chocolate.
Como pocos / demasiados / muchos dulces.

No conviene dormir poco.
Fumas demasiado.
No hay que comer mucho.

13 En parejas. ¿Saben por qué son buenos o malos los siguientes alimentos? Relacionen.

Las hamburguesas
Las patatas fritas
Los cereales
Las naranjas
El pescado
Los refrescos
La fruta
La verdura
El café

es bueno/a porque tiene
es malo/a porque tiene
son buenos/as porque tienen
son malos/as porque tienen

demasiada
muchas
muchos
demasiado
mucha

minerales.
vitaminas.
azúcar.
proteínas.
cafeína.
grasa.
fibra.
vitamina C.

14 La señora Nieto llama a su hijo. Como no está en casa, le deja un mensaje en el contestador con algunos consejos. Escuchen y comprueben las respuestas de la actividad anterior.

15 ¿Saben qué otros alimentos son buenos o malos para la salud? Escriban una lista.

• *El chocolate tiene mucha grasa y demasiado azúcar.*
◆ *Sí... ¡pero está buenísimo!*

1 En parejas: aquí tienen una encuesta sobre la salud y sobre cómo mantenerse en forma. Antes de leerla, piensen qué dos preguntas pueden aparecer.

- *Pues yo creo que una pregunta puede ser: "¿Come usted mucha verdura?".*
- *Sí, y también: "¿Practica usted algún deporte?".*

2 Ahora, completen la encuesta con las siguientes palabras y frases.

1. a una hora diferente.	10. Qué hace cuando está enfermo
2. Sí, más de un paquete diario.	11. Sí, con asiduidad.
3. No, está satisfecho con su aspecto.	12. desconecta
4. comidas	13. Pide consejo al farmacéutico.
5. Practica usted algún deporte	14. cuerpo
6. régimen	15. toma de todo pero con moderación.
7. tiempo libre	16. Se lleva trabajo a casa.
8. Los dientes.	17. Entre tres y cinco.
9. hora.	

1. ¿..?
   a) ....
   b) De vez en cuando, cuando tiene tiempo.
   c) Casi nunca.

2. ¿..?
   a) Va al médico.
   b) ....
   c) Se automedica.

3. ¿Usted fuma?
   a) ....
   b) Sí, menos de un paquete diario.
   c) No.

4. ¿Cuál es su parte del ....
   más frágil?
   a) La espalda.
   b) ....
   c) Otra/s (¿cuál/es?):

5. En las ....
   a) toma poca verdura.
   b) incluye mucha grasa.
   c) ....

6. ¿Cuántas horas dedica por semana al ....?
   a) Menos de tres.
   b) ....
   c) Más de cinco.

7. ¿Ha hecho .... alguna vez?
   a) Mañana lo empieza.
   b) Vive a régimen.
   c) ....

8. Todos los días come...
   a) a la misma ....
   b) casi siempre a la misma hora.
   c) ....

9. Termina el trabajo a las seis, ¿qué hace?
   a) Se queda una hora más porque tiene muchísimo trabajo.
   b) ....
   c) Se va y .... del trabajo.

Actividad 1

• **Expresión oral: interacción en grupos de tres (imaginar las preguntas de una encuesta sobre la salud).**

Deje que los estudiantes se distribuyan en parejas y explíqueles la mecánica de la actividad. Anímelos a que escriban las preguntas en su cuaderno. Circule por el aula para cerciorarse de que todos participan. Si comprueba dificultades, propóngales los siguientes temas: *la alimentación, el ejercicio físico, el alcohol, el tabaco, el sueño, los horarios, los medicamentos...*
Ponga las propuestas en común. Elijan todos juntos las cinco que más les han gustado.

Actividad 2

• **Comprensión escrita: completar un texto con las palabras/expresiones de una lista.**

Llame la atención de la clase sobre la lista de palabras y frases y solicite un voluntario para leerlas en voz alta. Resuelva las dudas de vocabulario. Para asegurarse de la comprensión, haga con ellos la primera pregunta. A continuación, deles unos minutos para que completen el texto. Pase por los grupos para ayudar a los estudiantes que lo necesiten. No dude en parar la realización del ejercicio en caso de que tenga que dar explicaciones que puedan resultar útiles para toda la clase.

Respuestas:
1. ¿Practica usted algún deporte? (5)
   Sí, con asiduidad. (11)
2. ¿Qué hace cuando está enfermo? (10)
   Pide consejo al farmacéutico. (13)
3. Sí, más de un paquete diario. (2)
4. cuerpo (14)
   Los dientes. (8)
5. comidas (4)
   toma de todo pero con moderación. (15)
6. tiempo libre (7)
   Entre tres y cinco. (17)
7. régimen (6)
   No, está satisfecho con su aspecto. (3)
8. hora. (9)
   a una hora diferente. (1)
9. Se lleva trabajo a casa. (16)
   desconecta (12)

Libro del profesor

Actividad 3

• **Expresión oral: interacción en parejas (hacer una encuesta sobre la salud).**

Explique a los estudiantes la mecánica de la actividad y motive a dos voluntarios para que lean el ejemplo. A continuación deje que cada grupo trabaje a su ritmo. Pase por las mesas para atender cualquier consulta. Asegúrese de que todos intervienen y anotan las respuestas.

Actividad 4

• **Expresión oral: interacción en grupos de cuatro (analizar los resultados de una encuesta).**

Pida a los grupos que se intercambien la encuesta para analizarla. Invítelos a que escriban los consejos y recomendaciones en su cuaderno usando las estructuras vistas en el ENCUADRE GRAMATICAL, como en el ejemplo. Circule por el aula para cerciorarse de que todos los estudiantes participan.

Actividad 5

• **Expresión oral: exponer ante la clase el análisis de una encuesta.**

Invite a dos voluntarios a que lean el ejemplo que se proporciona en el libro, y a la clase a que dé su opinión. Luego, vuelva a leerlo en voz alta destacando las expresiones y los puntos gramaticales aprendidos en la unidad:
• Estructuras para hablar del estado físico *(estás cansadísima)*.
• *Deber* + infinitivo, *tener que* + infinitivo, *¿por qué no* + presente de indicativo?
• Verbo + *demasiado*.
• Superlativos.
Para que todos los alumnos puedan sacar partido de los conocimientos de sus compañeros, anime a los voluntarios a que lean en alto sus consejos, y a los demás a que los copien en su cuaderno y luego los comenten.

3 Ahora, hagan la encuesta y anoten las respuestas.

Nombre: *Hans.*

1. a) ☐   b) ☒   c) ☐   *Juega al tenis con unos amigos dos o tres veces al mes.*
2. a) ☐   b) ☐   c) ☐   ....
3. a) ☐   b) ☐   c) ☐   ....
4. a) ☐   b) ☐   c) ☐   ....
5. a) ☐   b) ☐   c) ☐   ....
6. a) ☐   b) ☐   c) ☐   ....
7. a) ☐   b) ☐   c) ☐   ....
8. a) ☐   b) ☐   c) ☐   ....
9. a) ☐   b) ☐   c) ☐   ....

- *Hans, ¿practicas algún deporte?*
- *Pues... respuesta b): de vez en cuando, cuando tengo tiempo. Juego al tenis con unos amigos dos o tres veces al mes. ¿Y tú?*
- *Yo, a): voy al gimnasio todos los jueves.*

4 Ahora, intercambien sus respuestas con las de otra pareja y analícenlas.

- *Me parece que Mario fuma demasiado y practica poco deporte.*
- *Me parece que Matilde está un poco estresada: tiene muchísimo trabajo. Pero come de todo con moderación.*

5 ¿Qué consejos dan a cada compañero?

- *Mario, debes fumar menos. El tabaco es malísimo para la salud.*
- *Matilde, trabajas demasiado. Seguro que los fines de semana estás cansadísima. Tienes que pensar menos en el trabajo. ¿Por qué no dedicas más horas al tiempo libre?*

aprendiendo
EL GUIÓN

◀◀   ▶▶

Archiv

Atrás

Direcci

Preguntar a alguien por su estado físico

| • ¿Cómo está/s? | • ¿Qué le/te pasa?

Hablar del estado físico

| • Estoy | fatal.
(muy) cansado/cansadísimo/a.
resfriado/a.
enfermo/a.

| • Tengo | náuseas.
fiebre.
anginas.
la gripe.
tos.
dolor de | estómago.
muelas.
espalda.

| • ¡Qué cansada estoy!

| • Me duele (un poco/mucho/muchísimo) | la cabeza.
el estómago.

| • Me duelen (un poco/mucho/muchísimo) | las muelas.
las piernas.

Pedir algo en la farmacia

| • Me duele(n) | la garganta,
las muelas, | ¿me | puede
podría | dar algo?

| • Quería algo para | la tos.
el dolor de estómago.

aquí y allá

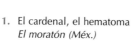

¡¡AAACHIiisss!!

1. El cardenal, el hematoma
   El moratón (Méx.)
2. La tirita
   La curita (Arg.)
   El curita (Méx.)
3. Romperse un hueso
   Quebrarse un hueso (Arg.)
4. El resfriado
   El resfrío (Arg.)

Tareas en Internet

Es mejor prevenir que curar

Edición   Ver   Favoritos   Herramientas   Ayuda

Adelante   Detener   Actualizar   Inicio   Búsqueda   Favoritos   Correo   Imprimir

http://www.paginas-amarillas.es   Ir a

Situación: usted va a hacer un viaje y quiere informarse de cómo actuar ante posibles afecciones, y de qué tiene que llevar en la maleta.

Páginas **S**alud de la

Visite el sitio de las Páginas de la Salud **en la siguiente dirección:** http://www.paginas-amarillas.es/.

(1) **El botiquín de urgencia**

- Pinche en el enlace Páginas de la Salud.
- Seleccione después El botiquín de urgencia.
  - ¿Qué elementos no le parecen indispensables?
  - ¿Para qué sirve el imperdible?
  - ¿Con qué se extraen las astillas?

(2) **Las afecciones comunes**

- Vuelva a la página anterior y escoja esta vez Afecciones comunes.
- De entre todas las afecciones, ¿cuáles son las más comunes entre los turistas?
- Vaya al apartado "Agotamiento por calor":
  - ¿En qué consiste?
  - ¿Qué se debe hacer con la persona que tiene estos síntomas?
  - ¿Qué hay que darle?
- Lea ahora la información relativa a "Vómitos y diarreas" y diga si es verdadero o falso:

	V	F
– Al principio hay que alimentar muy bien al enfermo: carne, paella…	☐	☐
– Es recomendable añadir un poco de azúcar y limón a las bebidas.	☐	☐
– Las grasas y los productos derivados de la leche son buenos.	☐	☐

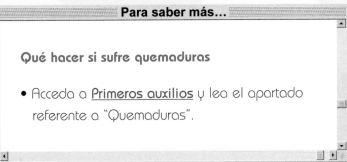

Para saber más…

Qué hacer si sufre quemaduras

- Acceda a Primeros auxilios y lea el apartado referente a "Quemaduras".

75

Internet

HACIENDO LA COMPRA EN UN MERCADO

- ¡Hola, buenos días! ¿Qué le pongo?

El jamón

- Deme dos kilos de naranja.

dos kilos de naranja (Méx.)
= dos kilos de naranjas

La lechuga

El melón

¿A cómo está el kilo?
- Nada, a veinte duros.

Las naranjas

(100 ptas.)
60 céntimos de euro

La coliflor

El tomate

El besugo

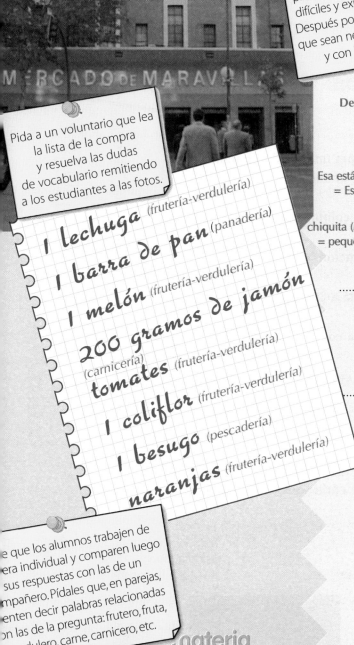

1 lechuga (frutería-verdulería)

1 barra de pan (panadería)

1 melón (frutería-verdulería)

200 gramos de jamón (carnicería)

tomates (frutería-verdulería)

1 coliflor (frutería-verdulería)

1 besugo (pescadería)

naranjas (frutería-verdulería)

...materia

Emilio: ¡Buenos días!

Dependiente: ¡Hola, buenos días! ¿Qué le pongo?

E.: Quería una coliflor.

D.: Así, como esta, ¿no?

E.: Esa está muy grande. Póngame una más chiquita. A ver... ¡esa!

Esa está (Méx.) = Esa es

chiquita (Méx.) = pequeña

D.: ¿Qué más?

E.: Deme dos kilos de naranja, y un kilo de tomate, ¡ah! y una lechuga.

En España, dos kilos de naranjas y y un kilo de tomates

....

Clienta: Buenos días, ¿la última?

E.: El último soy yo, pero ya me están atendiendo.

C.: Gracias.

....

E.: La lechuga.

D.: Bueno... ¿alguna cosita más?

E.: ¡Ay!, se me olvidaba, deme un melón, pero que esté madurito. ¿A cómo está el kilo?

D.: Nada, a veinte duros.

E.: Pues póngame uno.

D.: Aquí tiene. Ya verá qué bueno le sale. ¿Más?

E.: Pues ¿cuánto, cuánto es?

D.: Nada. Mil pelillas.

pesetas (coloquial)

E.: Mil pesetas.

6 euros

D.: Gracias.

E.: Pues gracias, ¿eh? A ver... Hasta luego.

....

[D.: Hasta luego. ¡Hola, guapa!

C.: Buenos días.

D.: ¿Qué te pongo?

C.: Pues mira, me ha dado mucha envidia el melón, pero... si es que sólo me lo como yo luego. Se me queda todo... se me pasa.]

1. **Observe la lista de la compra. ¿Qué productos se compran...?**
   - En la frutería-verdulería.
   - En la carnicería.
   - En la pescadería.
   - En la panadería.

2. **Lea estas frases. ¿Quién habla, el cliente (C) o el dependiente (D)?**

¿Qué le pongo?	D
Quería una coliflor.	C
Deme un kilo de tomates.	C
¿Qué más?	D
¿A cómo está el kilo?	C
¿Cuánto es?	C
Son 1.000 pesetas.	D

6 euros

práct s

¿Ha comprendido bien?

¿Verdadero o falso?

		V	F
1	Emilio compra una coliflor, naranjas, manzanas y un melón.	☐	☒
2	Quiere una coliflor pequeña.	☒	☐
3	Quiere un melón bien maduro.	☒	☐
4	El melón está a ⟨300 ptas.⟩ el kilo. — 1,80 euros	☐	☒
5	El total de la compra es ⟨1.000 ptas.⟩ — 6 euros	☒	☐
6	La chica ya conoce al dependiente.	☒	☐

Secuencias

Ordene el diálogo de cada secuencia.

a
¡Buenos días!

b
¡Hola, buenos días!
¿Qué le pongo?

1. ...... a
2. ...... b
3. ...... d
4. c

c
Así, como esta, ¿no?

d
Quería una coliflor.

b
Deme dos kilos de naranja, y un kilo de tomate, ¡ah! y una lechuga.

a
¿Qué más?

1. .... **a**
2. .... **b**

a
El último soy yo, pero ya me están atendiendo.

b
Buenos días, ¿la última?

1. .... **b**
2. .... **a**

a
Nada, a veinte duros.

b
¡Ay!, se me olvidaba, deme un melón, pero que esté madurito. ¿A cómo está el kilo?

c
Pues póngame uno.

1. .... **f**
2. .... **b**
3. .... **a**
4. .... **c**
5. .... **e**
6. .... **d**

d
Nada. Mil pelillas.

b
Buenos días.

a
¿Qué te pongo?

c
¡Hola, guapa!

e
Pues ¿cuánto, cuánto es?

f
Bueno... ¿alguna cosita más?

1. .... **c**
2. .... **b**
3. .... **a**

Ahora deben extraer de las frases que acaban de ordenar determinados exponentes funcionales.

Solicite a algunos voluntarios que representen la escena ante sus compañeros de la forma más expresiva posible. Ponga una vez más la secuencia para que se fijen en la entonación y pronunciación de los personajes y las imiten en su representación.

¡A escena!

En el mercado.

¿Qué se dice para...?

- **Pedir un producto.**
- **Preguntar un precio.**
- **Pedir la vez.**

En parejas: representen la siguiente situación.

Estudiante A: usted va al mercado para comprar 2 kg. de naranjas, 1 melón y 1 kg. de manzanas. Antes de comprar, pregunte los precios.

Estudiante B: usted trabaja en la frutería del mercado. Atienda a su compañero/a.

Estos son los precios de algunos productos: naranjas: 270 ptas. (1,6 €) el kg.; melones: 120 el kg.; manzanas: 220 ptas. (1,3 €) el kg.

EL PRETÉRITO IMPERFECTO DE INDICATIVO

 Observe y lea.

Al volver del mercado, Emilio se sienta en el salón del hotel. Llega el cliente que conoció el primer día y se ponen a charlar. Primero hablan de lo que han hecho por la mañana y luego empiezan a recordar su infancia.

¿Y tú te acuerdas de cuando eras pequeño?

Ya lo creo, ya lo creo...

Y yo en un pueblo.

Yo vivía en México DF.

Comía en el colegio.

Yo volvía a casa.

Me gustaban las matemáticas.

Yo prefería la química.

Todos los veranos iba a la playa.

Y yo, a casa de mis abuelos.

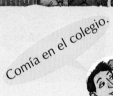

Aquí aparece el **imperfecto de indicativo**. Se usa para describir actividades habituales en el pasado.

Éramos jóvenes...

 Fíjese en las formas verbales del cómic e indique los infinitivos correspondientes.

| ┌─ VERBOS REGULARES ─┐ | | | ┌─ VERBOS IRREGULARES ─┐ | | |
COMPRAR	COMER	VIVIR	IR	SER	VER
compraba	comía	vivía	iba	era	veía
comprabas	comías	vivías	ibas	eras	veías
compraba	comía	vivía	iba	era	veía
comprábamos	comíamos	vivíamos	íbamos	éramos	veíamos
comprabais	comíais	vivíais	íbais	erais	veíais
compraban	comían	vivían	iban	eran	veían

(Yo)
(Tú/Vos)
(Él/Ella/Usted)
(Nosotros/as)
(Vosotros/as)
(Ellos/Ellas/Ustedes)

Actividad 1

• **Comprensión lectora.**

Lea el pequeño texto que encabeza la actividad y asegúrese de que todos los estudiantes lo han entendido. Seguidamente, solicite dos voluntarios para leer el cómic en voz alta cuidando la entonación.

Actividad 2

• **Observar la morfología del pretérito imperfecto de indicativo.**
• **Localizar formas en imperfecto en un texto y deducir su infinitivo.**

Llame la atención de los estudiantes hacia el cuadro y anímelos a que deduzcan cuáles son las terminaciones de este tiempo verbal. Hágales notar que sólo existen tres verbos irregulares: *ir, ser* y *ver*. Luego, pídales que deduzcan los infinitivos de las formas que aparecen en el cómic.

Respuestas:
eras/ser, vivía/vivir, comía/comer, volvía/volver, gustaban/gustar, prefería/preferir, iba/ir, éramos/ser.

Consolidación: diga a los alumnos que conjuguen los siguientes verbos en imperfecto de indicativo: *estar, cerrar, poder, poner, querer, decir, pedir, dormir.*

Por último, llame la atención de la clase hacia el uso de este tiempo: para describir actividades en el pasado.

Estos son los dos usos del pretérito imperfecto que los estudiantes van a ver en la página siguiente:
• Expresar acciones habituales en el pasado.
  De joven vivía en una ciudad pequeña.
  Hace cincuenta años la gente no navegaba por Internet. } Actividades 3, 4

• Hacer descripciones en el pasado:
  Marilyn Monroe era rubia. Cantaba.
  Dalí tenía un bigote particular. } Actividades 5, 6

Actividad 3

• **Expresión oral: interacción en grupos de tres (hablar de la adolescencia).**

Explique a los estudiantes el objetivo del ejercicio y lea en voz alta los temas que pueden abordar. Resuelva las dudas de vocabulario. Deje que se distribuyan en grupos de tres y deles unos minutos para que lleven a cabo el ejercicio. Anímelos a que anoten las respuestas de sus compañeros. Pase por las mesas para asegurarse de que todos participan y ayudar a los que lo necesiten. Valore siempre los aciertos para incrementar la motivación de los alumnos. Si cometen errores, al corregirlos, no los repita, dé sólo la versión correcta. Vaya anotando las faltas más significativas y corríjalas todas al final de la actividad. No dude en parar el ejercicio si surgen explicaciones que puedan resultar útiles para toda la clase.

Anime a los voluntarios para que presenten su trabajo ante el resto de la clase.

Actividad 4

• **Expresión oral: interacción en grupos de tres sobre cómo se vivía hace medio siglo.**

Pida a los alumnos que se agrupen de tres en tres (grupos diferentes al anterior) y pídales que escriban las frases en su cuaderno. Si detecta dificultades, haga con ellos una lista de los temas de los que pueden hablar, por ejemplo: *el trabajo, la enseñanza, la ciudad, la medicina, el cine, la televisión, los medios de comunicación, los medios de transporte, la forma de vestir.*
Al igual que en la actividad anterior, circule por el aula para escuchar las producciones de los estudiantes.

Finalmente, ponga todas las respuestas en común y elijan juntos las diez frases más interesantes.

Ampliación: pregunte a los estudiantes en qué época les hubiera gustado vivir y por qué, para practicar más el pretérito imperfecto.

Actividad 5

• **Comprensión lectora: asociar textos con ilustraciones.**

Pida a un voluntario que lea las frases en voz alta y resuelva las dudas de vocabulario. Seguidamente, dé unos minutos a las parejas para que realicen el ejercicio. Por fin, corrija del siguiente modo: diga las frases y pregunte a la clase con quién o qué las relaciona.

Consolidación: pregunte cuál es el infinitivo de cada forma en imperfecto de indicativo: *llevaba (llevar), era (ser), tenía (tener), aparecía (aparecer), existía (existir), cantaba (cantar).*

Respuestas:
a. *Charles Chaplin: Llevaba bigote, un sombrero negro y un bastón. Era director de cine. Era actor de películas mudas.*
b. *La tele: En los años setenta sólo existía en blanco y negro.*
c. *Salvador Dalí: Este genial pintor tenía un bigote particular.*
d. *Marilyn Monroe: Era una actriz americana. Era rubia y muy guapa. Cantaba.*
e. *Alfred Hitchcock: Era director de cine. Siempre aparecía en sus películas. Era gordo y calvo.*

Actividad 6

• **Expresión oral: describir personas y objetos usando el imperfecto de indicativo.**
• **Comprensión auditiva: asociar frases con ilustraciones.**

Hagan todos juntos la primera fase de la actividad: anime a los estudiantes a dar más información sobre cada persona o cosa. Luego, póngales la cinta una sola vez para que comparen sus respuestas. Remítalos a la transcripción de la página 114 y sugiérales que anoten en su cuaderno todas las palabras y expresiones nuevas.

Ampliación: distribuya a los alumnos en parejas y dígales que describan otras cosas/personas pero sin nombrarlas; la clase tendrá que adivinar de qué o de quién se trata.

3 En grupos de tres: comparen su adolescencia. Piensen en...

Dónde vivían.

Qué les gustaba hacer.

Cómo eran.

Cómo vestían.

Qué hacían en vacaciones.

Qué hacían los fines de semana.

- *Paul, ¿tú dónde vivías?*
- ◆ *Vivía en una ciudad pequeña.*

4 *En los últimos años la vida ha cambiado muchísimo. Por ejemplo, en 1980 no había tantos teléfonos móviles como ahora.*

En grupos de tres: describan cómo vivía la gente hace unos 50 años. ¿Qué cosas han cambiado?

- *La gente no navegaba por Internet.*
- ◆ *¡Exacto! Y no existían los ordenadores portátiles.*

5 Observen estas imágenes y las descripciones e intenten relacionarlas. Luego, comparen sus respuestas con las de otra pareja.

- ✓ *Llevaba bigote, un sombrero negro y un bastón.*
- ✓ *Era una actriz americana.*
- ✓ *Era director de cine.*
- ✓ *Este genial pintor tenía un bigote particular.*
- ✓ *Era actor de películas mudas.*
- ✓ *Era rubia y muy guapa.*
- ✓ *Siempre aparecía en sus películas.*
- ✓ *En los años 60 sólo existía en blanco y negro.*
- ✓ *Cantaba.*
- ✓ *Era gordo y calvo.*

6 ¿Podrían añadir más información? Escuchen la grabación y comparen.

7 Escuche y observe las ilustraciones.

El otro día, Isabel y Emilio decidieron ir al Museo del Prado.

Pero .... lunes y el museo .... cerrado.

Entonces, tomaron un taxi para ir al teatro.

.... un atasco tremendo,

llegaron demasiado tarde y no .... entradas.

.... mucho calor. Isabel .... un poco cansada.

Al lado del teatro .... un cine. Entraron.

La película .... aburridísima y se fueron.

.... las siete de la tarde. Entraron en un bar para tomar una copa.

.... mucha gente y mucho ruido. Se sentaron al lado de otra pareja y ¡qué casualidad!, el hombre .... mexicano, como Emilio.

Emilio les invitó a tomar una copa. .... muy simpáticos.

A las nueve y media los cuatro se fueron a cenar a un restaurante.

 8 Escuche de nuevo y complete los textos con los verbos que faltan.

USOS DEL IMPERFECTO Y DEL INDEFINIDO

 9 Observe.

- El imperfecto se emplea para:
  a) Explicar el contexto en que se produce una acción. *Era lunes.*
  b) Describir algo del pasado. *La película era aburridísima.*

- El indefinido se emplea para:
  Hablar de las acciones. *Tomaron un taxi.*

 10 Busque más ejemplos de estos usos en la historia del ejercicio 7.

Actividad 7

• **Comprensión auditiva: escuchar un texto con la ayuda de ilustraciones.**

Antes de iniciar la audición, dirija la atención de los estudiantes hacia las ilustraciones y explíqueles que cuentan lo que hicieron Isabel y Emilio a los pocos días de llegar a Madrid. Seguidamente, pídales que las describan. Para ayudarlos, hágales preguntas como las siguientes: *¿Dónde están? ¿Qué están haciendo? ¿Con quién están? Imaginen qué piensan, cómo se sienten.*
Ponga la cinta una primera vez e indique a los estudiantes que miren sólo las ilustraciones. Pregúnteles en qué tiempo están conjugadas las formas que han oído.

Actividad 8

• **Comprensión auditiva: escuchar formas verbales y transcribirlas.**

Vuelva a poner la grabación frase a frase para que los estudiantes puedan escribir los verbos en imperfecto. Corrija colectivamente y realice otra audición para comprobar.

Respuestas:
era; estaba; Había; había; Hacía; estaba; había; era; Eran; Había; era; Eran.

Actividades 9 y 10

• **Observar el contraste de uso indefinido/imperfecto.**

Llame la atención de los estudiantes hacia los cuadros y coméntelos de la siguiente manera:
• El indefinido se usa para indicar los **acontecimientos** pasados, es decir lo que ocurrió. Sólo nos interesamos en la acción. Ejemplos:
Isabel y Emilio decidieron ir al cine.
Tomaron un taxi.
Entraron (en el cine).
Se fueron.
Emilio les invitó a tomar una copa.
Se fueron a cenar.
• El imperfecto sirve para explicar, dar información sobre las circunstancias en que se produjeron los acontecimientos expresados en indefinido. Aquí, lo que nos interesa es el **contexto** que rodea la acción. Ejemplos:

Pero era lunes.	Información sobre el día.
Había un atasco tremendo.	Explicamos por qué llegaron tarde.
Al lado del teatro había un cine.	Describimos el contexto.
La película era aburridísima.	Explicamos por qué se fueron del cine.
Eran muy simpáticos.	Describimos a los personajes.

Para comprobar la comprensión, pídales que busquen más ejemplos en el texto de la actividad 7.

Actividad 11

- **Comprensión auditiva.**
- **Expresión escrita: completar un texto con las palabras de una lista.**
- **Expresión oral: interacción en parejas (relatar una historia en pasado).**

Pida a los estudiantes que se distribuyan en parejas y ponga la cinta dos veces para que se familiaricen con el fragmento. A continuación, solicite un voluntario para leer el texto y resuelva las posibles dudas. Deje que cada grupo trabaje a su ritmo y pase por las mesas para verificar las producciones.

Si comprueba dificultades, remítalos a la transcripción de la página 115.

Antes de pasar a la corrección, sugiera a cada pareja que compare sus respuestas con las de otra.

> *Respuestas:*
> *llamó; invitó; aceptó; Quedaron; llegó; sacaron; se montaron; encantó; vieron; gustó; volvieron; se montó; tomaron; comieron.*

Centre ahora la atención de los estudiantes en las circunstancias y descripciones y las tres formas de organizar un relato. Subraye que en la frase *Como + circunstancia + acción*, *Como* va siempre al principio de la frase. Saque a un voluntario para leer los ejemplos y compruebe que toda la clase los ha comprendido. Si lo ve necesario, ponga otro ejemplo con *Estaba sola:*
- *Como estaba sola aceptó.*
- *Aceptó porque estaba sola.*
- *Estaba sola, por eso aceptó.*

Por fin, dé unos cuantos minutos a los alumnos para que realicen la actividad. Pídales que escriban el texto para luego presentarlo a sus compañeros.

Circule por el aula para comprobar las producciones y ayudar a los estudiantes que lo necesiten, pero valorando siempre positivamente las frases correctas para no desanimarlos. Procure no repetir los errores que cometan. Dé sólo la versión correcta (para que únicamente sea esta la que oigan y, por lo tanto, retengan).

Pase a la última fase de la actividad: la presentación de los textos.
Para que los alumnos se expresen con fluidez y naturalidad, anímelos a que lean primero su texto varias veces. Explíqueles asimismo que han de presentarlo con la entonación más adecuada posible.

Consolidación: escriban todos juntos un nuevo texto a partir de las frases propuestas por todos los grupos (use al menos dos frases de cada uno).

Actividad 12

- **Expresión oral: organizar un relato en pasado usando conectores temporales.**

Divida la clase en grupos de cuatro y explique el objetivo de la actividad: cada alumno tiene que presentar a sus compañeros sus actividades del fin de semana pasado usando las estructuras que acaba de estudiar. Lea el ejemplo en voz alta y, si lo ve necesario, ponga otro: cuente lo que usted hizo, recalcando las referencias temporales y el contraste de uso imperfecto/indefinido.

Para que todos los estudiantes puedan sacar partido de los conocimientos de sus compañeros, sugiérales que anoten su relato en el cuaderno.

Si comprueba que algunos no saben qué decir, anímelos a que inventen las actividades.
Motive a los voluntarios para que relaten su fin de semana a la clase.

Consolidación: a partir de todas las frases, escriban juntos un fin de semana ideal.

11 En parejas: van a contar lo que hizo Sonia el domingo pasado. Sigan estos pasos:

a) Escuchen la grabación.

b) Completen el siguiente resumen con los verbos de la lista en pretérito indefinido.

> ver • montarse • quedar • tomar • llamar • llegar • comer
> invitar • sacar • encantar • volver • montarse • aceptar • gustar

El domingo por la mañana, Patricia .... a su amiga Sonia y la .... a ir al Parque de Atracciones por la tarde. Sonia .... a las dos delante del Parque. Sonia .... un poco tarde. Patricia y sus amigos .... las entradas. Primero .... en la montaña rusa. A los chicos les .... pero a Sonia no. Después, ... una película en 3D (tres dimensiones), les .... mucho. Luego, ... a la montaña rusa, pero Sonia no .... Luego, ... unos refrescos y .... unos bocadillos.

c) Ahora, añadan más detalles al texto con las circunstancias y las descripciones convenientes. Aquí tienen algunas, elijan las que quieran. También pueden indicar otras.

> estaba sola • había una cola muy larga • tenía ganas de salir • era muy interesante
> estaban un poco cansados • hacía un tiempo estupendo • hacía mucho calor
> no le gustaba • tenían hambre • vivía muy lejos del Parque • tenía miedo
> el tráfico estaba imposible • era impresionante • querían divertirse

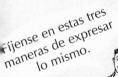

Fíjense en estas tres maneras de expresar lo mismo.

Como	**Circunstancia**	**Acción**
Como el tráfico estaba imposible llegó un poco tarde.		

Acción	*porque*	**Circunstancia**
Llegó un poco tarde porque el tráfico estaba imposible.		

Circunstancia	*por eso*	**Acción**
El tráfico estaba imposible, por eso llegó un poco tarde.		

d) Presenten su texto a la clase.

12 Y usted, ¿qué hizo el fin de semana pasado? Cuénteselo a sus compañeros. Use las siguientes referencias temporales:

> por la mañana • por la tarde • por la noche • primero • luego/después
> (un poco) más tarde • antes/después de (+ infinitivo) • a las tres/cuatro...

Pues yo, el sábado por la tarde llamé a una amiga porque era su cumpleaños y por la noche cenamos juntos en un chino. El restaurante era pequeño pero muy agradable. Comimos pato en salsa, estaba buenísimo. Después de cenar...

SE RUEDA ⑥

1 Es sábado y está comprando en este supermercado. Esta es su lista de la compra. ¿A qué secciones va a ir? Relacione.

1 kg. de naranjas
2 pizzas Margarita congeladas
2 chuletas de cerdo
1 litro de leche
1/2 kg. de merluza
12 yogures naturales
1 lata de guisantes
1 melón
300 gramos de chorizo
3 barras de pan integral
1 tarta de nata y chocolate
4 filetes de ternera

CARNICERÍA

CONGELADOS

PRODUCTOS LÁCTEOS

CONSERVAS

PANADERÍA

PESCADERÍA

FRUTERÍA

CHARCUTERÍA

PASTELERÍA

2 En grupos de tres: ¿qué otros productos se pueden comprar en un supermercado? Hagan una lista. Luego comparen sus respuestas con las de la clase.

- *Se puede comprar queso, arroz...*
- *Sí, y también libros, pantalones, CD...*

Antes de pasar a la actividad y para hacer un repaso del nombre de los alimentos, pida a los estudiantes que citen al menos diez productos que aparecen en la ilustración de la doble página.

Actividad 1

- **Comprensión lectora: relacionar productos alimenticios con la sección del supermercado en que se encuentran.**

Pida a un voluntario que lea la lista de la compra. A continuación, deje que cada estudiante trabaje a su ritmo y compare luego sus respuestas con las del compañero más cercano.

> *Respuestas:*
> - *frutería: las naranjas, el melón.*
> - *congelados: las pizzas.*
> - *carnicería: las chuletas, los filetes.*
> - *charcutería: el chorizo.*
> - *productos lácteos: la leche.*
> - *pescadería: la merluza.*
> - *panadería: las barras de pan.*
> - *conservas: la lata de guisantes.*
> - *pastelería: la tarta de nata y chocolate.*

Actividad 2

- **Expresión oral en grupos de tres: nombrar productos de un supermercado.**

Diga a cada grupo que realice la actividad por escrito. Para hacerla más motivadora, plantéela a modo de juego: indíqueles que disponen sólo de cinco minutos y que ganará el grupo que consiga anotar el mayor número de palabras.

Ampliación: aproveche este ejercicio para introducir más vocabulario. Ejemplos:
- *electrodomésticos: la lavadora, la nevera, la cocina...*
- *droguería: el lavavajillas, el detergente, el suavizante...*
- *cosmética e higiene: la crema, el jabón, el cepillo de dientes, la pasta dental, el champú...*

Actividad 3

• **Expresión oral: describir una ilustración.**

Pida a los estudiantes que realicen la actividad individualmente y por escrito. Indíqueles que han de mencionar los envases (o cantidades) de cada producto. Ejemplo: *un paquete de harina.*

> **Respuesta:**
> *Un paquete de harina, un paquete de arroz, un paquete de café, 2 litros de zumo de naranja, una botella de aceite, una barra de pan, seis botellines de cerveza, media docena de huevos*

Actividad 4

• **Comprensión auditiva: extraer información específica.**

Ponga la cinta dos veces.
Primera audición, para que los alumnos se familiaricen con el texto.
Segunda audición, para que escriban el nombre de cada artículo (si resulta necesario, realice una tercera audición).
Deles unos minutos para que contesten a las preguntas y corrija colectivamente.

Consolidación: remita a los alumnos a la transcripción de la página 115 y solicite tres voluntarios para hacer una lectura expresiva de la misma.

> **Respuestas:**
> • *Una botella de aceite de oliva, una barra de pan, un paquete de café, un paquete de harina, una docena de huevos, tres litros de zumo de naranja, cerveza, pescado, chicles.*
> • *El paquete de arroz.*
> • *Un litro de zumo de naranja, el pescado, media docena de huevos, chicles.*

Actividad 5

• **Expresión oral: localizar personajes en una ilustración y justificar la elección.**

Saque un voluntario para leer las cuatro frases y realicen la actividad todos juntos. Luego, pida a los estudiantes que hagan la lista de los productos que ven en cada carro y en la cinta.

Ampliación: pregunte a los alumnos cada cuánto van al supermercado y qué productos suelen comprar.

> **Respuestas:**
> *Dolores 2, Sonsoles 5, Paloma 3, Alejandro 1.*

Actividad 6

• **Expresión oral: interacción en parejas (representar un diálogo en una pescadería).**

Lea la lista de la compra y resuelva las dudas de vocabulario. Llame la atención de la clase sobre el apartado FíJESE. A continuación, deje que los estudiantes se distribuyan en parejas y preparen el diálogo. Circule por el aula para verificar las producciones. Si comprueba dificultades, remita a los alumnos a la transcripción de la secuencia de vídeo de la página 77 y sugiérales que la imiten.
Recuérdeles que no se paga en la pescadería del supermercado sino en las cajas de salida.

Antes de pasar a la escenificación proponga a cada pareja que intercambie su trabajo con el de otro grupo y lo mejoren juntos.

Para que los alumnos se expresen con fluidez y naturalidad, anímelos a que se aprendan su papel de memoria.

> **Posible diálogo:**
> – Hola, ¿qué le pongo?   * ¿A cómo está la merluza?
> * Quería medio kilo de lenguado.   – A siete euros. Está riquísima.
> – Aquí tiene. ¿Qué más?   * Pues póngame medio kilo.
> * Deme un cuarto de kilo de mejillones.   – Medio kilito... Aquí tiene. ¿Alguna cosita más?
> – ¿Más?   * No, la cuenta.

Ampliación: distribuya a los alumnos en parejas y dígales que describan otras cosas / personas pero sin nombrarlas; la clase tendrá que adivinar de qué o de quién se trata.

3 Manuel (personaje n.° 4) ha ido al supermercado. ¿Qué ha comprado?

4 Ahora, escuche la grabación y conteste a estas preguntas:

- ¿Qué tenía que comprar? • ¿Qué no tenía que comprar? • ¿Qué ha olvidado?

5 Observe de nuevo la ilustración y localice a cada cliente. Escriba el número correspondiente y justifique su respuesta.

Dolores tiene una familia numerosa. ....

Sonsoles es vegetariana. ....

A Paloma le encantan las golosinas. ....

El sábado Alejandro va a celebrar su cumpleaños. ....

6 La señora Martín está en la pescadería del supermercado. Escriban y representen el diálogo con el pescadero. Miren la lista de la compra.

Fíjese:
El imperfecto se usa para pedir productos de forma cortés.

1 lenguado
un cuarto de kilo de mejillones
medio kilo de merluza
(si no está muy cara)

Buenos días.
Quería un lenguado.

Pedir la vez

- ¿La última?/¿Quién es la última?   ◆ Yo.

Pedir un producto

- ¿Qué | desea? | ◆ Quería
        | le pongo? | ◆ Póngame
                    | ◆ Deme

un filete de ternera/pollo.
dos chuletas de cerdo/cordero.
una coliflor.
medio kilo de tomates.
300 gramos de jamón.
media/una docena de huevos.
un litro de leche.
una barra de pan.
un paquete de galletas.

- Aquí tiene. ¿Qué más? / ¿Algo más? / ¿Alguna cosita más?

Preguntar el precio

- ¿A cómo/cuánto está el melón?   ◆ *A 120 ptas. (0,72 €).*
- ¿Qué valen
- ¿Cuánto cuestan | las naranjas?   ◆ *200 ptas. (1,2 €) el kg.*

Pedir la cuenta

- ¿Me cobra?
- ¿Cuánto | es? | ◆ *A ver… 1.500 ptas. (9 €).*   - Aquí tiene, gracias.   ◆ *A usted.*
          | le debo?

1. El guisante
   La arveja (Arg.)
   El chícharo (Méx.)
2. La patata
   La papa (Arg.)
3. Las judías verdes
   La chaucha (Arg.)

4. El melocotón
   El durazno (Arg.)
   El melocotón, el durazno (Méx.)
5. El plátano
   La banana (Arg.)
6. El calabacín
   El zapallito largo, la cuza (Arg.)

7. Las fresas
   La frutilla (Arg.)
8. La piña
   El ananá (Arg.)
9. La calabaza
   El zapallo (Arg.)

Tareas en Internet

En la cocina

Adelante   Detener   Actualizar   Inicio   Búsqueda   Favoritos   Correo   Imprimir

http://www.terra.es   Ir a

Situación: ha invitado a una pareja de amigos a cenar a su casa. Quiere preparar algún plato típico: como entrada o de primero, un plato mexicano y de segundo uno argentino. Infórmese de qué ingredientes necesita y de cómo se preparan.

Conéctese con la página web siguiente: http://www.terra.es. En la página principal seleccione el enlace Gastronomía y luego En la cocina.

① Las entradas y el primero

- En "Tipo de cocina" marque "mexicana".
- En categorías, indique "Entradas" o "Primeros". Dé a **Buscar**.
  - ¿Cuántos resultados ha encontrado?
- Pulse sobre las recetas que le parezcan interesantes pare decidirse por una.
  - ¿Cuál ha elegido? ¿Qué ingredientes necesita? ¿Cómo se elabora?

② El segundo plato

- Vuelva a la página de búsqueda y seleccione "carnes" en el apartado de categorías.
- En "Tipo de cocina" seleccione "argentina". Inicie la búsqueda en **Buscar**.
  - ¿Cuántos resultados ha encontrado?
  - ¿Qué receta le parece más interesante?
- Pinche en el icono de la receta escogida.
  - ¿Qué ingredientes lleva?
  - ¿Le parece fácil?

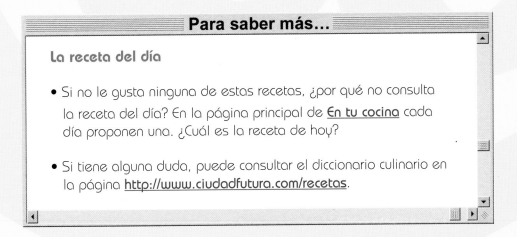

Para saber más...

La receta del día

- Si no le gusta ninguna de estas recetas, ¿por qué no consulta la receta del día? En la página principal de **En tu cocina** cada día proponen una. ¿Cuál es la receta de hoy?

- Si tiene alguna duda, puede consultar el diccionario culinario en la página http://www.ciudadfutura.com/recetas.

Internet

Comente el título.
Deje que los estudiantes observen las fotos y lean las palabras.

EN UNA OFICINA DE CORREOS

– ¡Hola, qué tal! Mira, quería mandar una carta para Buenos Aires. ¿Puede ser?

– No importa. Urgente y certificada.

rellene este impreso. Póngame, por favor, muy clarito el destinatario,

– ¡Ah!, porque es muy importante, ¿sabés? que... que llegue esta carta,

El matasellos

EL SUR

32

ESPAÑA

El impreso para carta certificada

Correos Telégrafos

NIF ....

REMITENTE
...bel Vázquez

DESTINATARIO
Gabriela García
Méndez de Andrés

nº 1002 piso 5

...ión Buenos Aires

País Argentina

1405 Prov.

ESPACIO PARA CÓDIGO DE BARRAS

ADMISIÓN

☒ Carta ☐ Paquete Postal
☐ Impreso ☐ Paquete Azul
☒ Urgente ☐ Reembolso
☐ Aviso de Recibo ☐ Asegurada

PESO grs.
Ptas.
Ptas.

Sello de fechas o validación mecánica

El destinatario

Los sellos

España correos
ESPAÑA 150
ESPAÑA
correos
España correos 70

Solicite un voluntario para leer las frases en voz alta y haga la actividad con los alumnos.

Entrando en materia

Aquí tiene algunas de las frases del vídeo.

1. **¿En qué orden cree que las va a oír?**
   - 5 Dentro de unos diez días.
   - 2 ¿Cómo la quiere mandar?
   - 9 Tome, rellene este impreso.
   - 6 ¿Y no puede ser antes?
   - 1 Quería mandar una carta para Buenos Aires.
   - 3 Normal.
   - 8 No importa. Urgente y certificada.
   - 4 ¿Tenés idea más o menos cuánto tarda la carta?
   - 7 Sí, urgente, pero es más caro.

2. **¿Quién dice cada una, Isabel o la empleada?**
   Isabel: 1, 3, 4, 6, 8.
   Empleada: 2, 5, 7, 9

Resuelva las dudas de vocabulario.luego ponga el vídeo las veces que sean necesarias.

Empleada: ¡Hola!

Isabel: ¡Hola! ¿Qué tal? Mira, quería mandar una carta para Buenos Aires. ¿Puede ser?

E.: Mmm. ¿Cómo la quiere mandar?

I.: Normal.

E.: Pues son... ciento quince pesetas.

Voseo. Con tú = tienes.

I.: Bien. ¿Tenés idea más o menos cuánto tarda la carta?

E.: Pues a Buenos Aires... dentro de unos diez días aproximadamente.

I.: ¡Ah!, ¿y no puede ser antes?

E.: Sí, urgente, pero es más caro.

I.: No importa. Urgente y certificada.

E.: Muy bien. Entonces son seiscientas setenta y cinco pesetas. Tome, rellene este impreso.
Póngame, por favor, muy clarito el destinatario, para que llegue correctamente.

I.: Ah, bueno. Cualquier problema que haya, ¿la carta te la devuelven?

E.: Por supuesto, para eso está certificada.

El laburo (Arg.) = el trabajo

I.: ¡Ah!, porque es muy importante, ¿sabés? que... que llegue esta carta, porque es para un laburo; es que mi mamá me tiene que pasar unos papeles, y si no me los pasa...

Voseo. Con tú = ¿sabes?

mi mamá (Arg.) = mi madre

E.: No se preocupe. Es certificada y urgente, no hay ningún problema.

I.: Bueno, bárbaro. Acá entonces, ¿no?

¡Bárbaro! (Arg.) = ¡Genial!

E.: Sí, sí.

Acá (Arg.) = Aquí

¿Ha comprendido bien?

¿Verdadero o falso?

		V	F
1	Isabel quiere mandar una carta a Argentina.	☒	☐
2	La carta tardará unos diez días en llegar.	☒	☐
3	La tarifa urgente es igual que la normal.	☐	☒
4	Para enviar una carta certificada hay que rellenar un impreso.	☒	☐
5	Si hay algún problema, la carta certificada vuelve al remitente.	☒	☐

> Resuelva primero las dudas de vocabulario para que los estudiantes puedan centrar toda su atención en la realización de la actividad.

Secuencias

Ordene el diálogo de cada secuencia.

a
Pues son... ciento quince pesetas.

b
Mira, quería mandar una carta para Buenos Aires. ¿Puede ser?

c
Normal.

Correos y Telégrafos

d
Mmm. ¿Cómo la quiere mandar?

1. .... b
2. .... d
3. c
4. .... a

> Los alumnos han de ordenar frases sacadas del episodio. Pueden hacerlo de manera individual o en parejas. Previamente, vuelva a poner el vídeo sin los subtítulos. Luego, corrija remitiendo a la clase a la transcripción de la página anterior. Pida voluntarios para leer el diálogo de forma expresiva.

b
Pues a Buenos Aires... dentro de unos diez días aproximadamente.

a
¿Tenés idea más o menos cuánto tarda la carta?

1. .... a
2. .... b

a

Sí, urgente, pero es más caro.

b

Muy bien. Entonces son seiscientas setenta y cinco pesetas.

c

No importa. Urgente y certificada.

1. .... **d**
2. .... **a**
3. .... **c**
4. .... **b**

d

¡Ah!, ¿y no puede ser antes?

a

Tome, rellene este impreso. Póngame, por favor, muy clarito, el destinatario para que llegue correctamente.

b

Por supuesto, para eso está certificada.

c

Cualquier problema que haya, ¿la carta te la devuelven?

1. .... **a**
2. .... **c**
3. .... **b**

Esta actividad desarrolla la concentración y la capacidad deductiva: los alumnos han de extraer las frases que corresponden a las funciones comunicativas indicadas. Deje que la lleven a cabo de manera individual y en silencio.

Permite consolidar los conocimientos a través de la interacción entre estudiantes. Para que se expresen con fluidez y naturalidad, anímeles a que se aprendan su papel de memoria y procuren no leer sus apuntes durante la representación. Explíqueles asimismo que han de actuar con la entonación más adecuada posible.

¡...escena!

En una oficina de Correos.
¿Qué se dice para...?

- **Solicitar un servicio al empleado. Contestar.**

- **Preguntar sobre la rapidez del servicio. Contestar.**

- **Expresar urgencia.**

En parejas: representen la siguiente situación.

Estudiante A: usted va a Correos a mandar una carta certificada a México. Es muy urgente. Quiere saber cuándo llegará.

Estudiante B: usted trabaja en la oficina de Correos. Atienda a su compañero/a.

EL PRESENTE DE SUBJUNTIVO

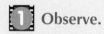 Observe.

VERBOS REGULARES

	MANDAR	LEER	ESCRIBIR
(Yo)	mande	lea	escriba
(Tú/Vos)	mandes	leas	escribas
(Él/Ella/Usted)	mande	lea	escriba
(Nosotros/as)	mandemos	leamos	escribamos
(Vosotros/as)	mandéis	leáis	escribáis
(Ellos/Ellas/Ustedes)	manden	lean	escriban

VERBOS IRREGULARES — Verbos con alteraciones vocálicas —

	CERRAR	VOLVER	PEDIR	DORMIR
(Yo)	cierre	vuelva	pida	duerma
(Tú/Vos)	cierres	vuelvas	pidas	duermas
(Él/Ella/Usted)	cierre	vuelva	pida	duerma
(Nosotros/as)	cerremos	volvamos	pidamos	durmamos
(Vosotros/as)	cerréis	volváis	pidáis	durmáis
(Ellos/Ellas/Ustedes)	cierren	vuelvan	pidan	duerman

Son irregulares en la primera persona del presente de indicativo.

	DECIR	HACER	PONER	TENER
(Yo)	diga	haga	ponga	tenga
(Tú/Vos)	digas	hagas	pongas	tengas
(Él/Ella/Usted)	diga	haga	ponga	tenga
(Nosotros/as)	digamos	hagamos	pongamos	tengamos
(Vosotros/as)	digáis	hagáis	pongáis	tengáis
(Ellos/Ellas/Ustedes)	digan	hagan	pongan	tengan

Más verbos: venir (venga, vengas…), producir (produzca, produzcas…)…

Otros verbos irregulares

	DAR	ESTAR	HABER
(Yo)	dé	esté	haya
(Tú/Vos)	des	estés	hayas
(Él/Ella/Usted)	dé	esté	haya
(Nosotros/as)	demos	estemos	hayamos
(Vosotros/as)	deis	estéis	hayáis
(Ellos/Ellas/Ustedes)	den	estén	hayan

	IR	SABER	SER
(Yo)	vaya	sepa	sea
(Tú/Vos)	vayas	sepas	seas
(Él/Ella/Usted)	vaya	sepa	sea
(Nosotros/as)	vayamos	sepamos	seamos
(Vosotros/as)	vayáis	sepáis	seáis
(Ellos/Ellas/Ustedes)	vayan	sepan	sean

• **Observar la morfología del presente de subjuntivo.**

Llame la atención de los estudiantes sobre los cuadros.

1. Verbos regulares: pregúnteles cuáles son las terminaciones del presente de subjuntivo. Hágales notar que son idénticas para los verbos terminados en *-er* y en *-ir*.

2. Verbos con diptongo: compare las formas con las correspondientes en presente de indicativo. Para asegurarse de la comprensión por parte de los estudiantes pida a estos que conjuguen en presente de subjuntivo los siguientes verbos: *pensar (piense, pienses, piense, pensemos, penséis, piensen), perder (pierda, pierdas, pierda, perdamos, perdáis, pierdan), encontrar (encuentre, encuentres, encuentre, encontremos, encontréis, encuentren), mover (mueva, muevas, mueva, movamos, mováis, muevan).*

3. Verbos con cambio vocálico: solicite un voluntario para leer las formas e invite a la clase a deducir la irregularidad. Precise que *medir, repetir, seguir, servir* y *vestirse* se conjugan como *pedir (pida, pidas pida, pidamos, pidáis, pidan).*

4. Verbos con primera persona del singular irregular en presente de indicativo *(dig-o, hag-o, pong-o, teng-o)*: explique a los estudiantes que presentan la misma raíz irregular en presente de subjuntivo y que las terminaciones son regulares. Para comprobar la comprensión, pídales que conjuguen los verbos *caer, oír, salir, traer* y *venir. Caer ➤ caig-o (caiga, caigas, caiga, caigamos, caigáis, caigan), oír ➤ oig-o (oiga, oigas, oiga, oigamos, oigáis, oigan), salir ➤ salg-o (salga, salgas, salga, salgamos, salgáis, salgan), traer ➤ traig-o (traiga, traigas, traiga, traigamos, traigáis, traigan), venir ➤ veng-o (venga, vengas, venga, vengamos, vengáis, vengan).*

5. Verbos totalmente irregulares: precise que tienen una irregularidad propia.

Si lo ve necesario, anote en la pizarra los verbos *llegar* y *coger* y las formas correspondientes del presente de subjuntivo. Diga a los alumnos que no se trata de verbos irregulares. La modificación ortográfica (*g* > *gu* delante de *e* y *g* > *j* delante de *o*) sirve para mantener la pronunciación del sonido de la consonante final de la raíz en todas las personas.
Pregunte a los estudiantes qué otros verbos terminados en *-gar, -ger* y *-gir* conocen *(pagar, conjugar, escoger, elegir, corregir, dirigir...).*

Antes de pasar a la actividad 2 cerciórese de que todos han comprendido la formación del presente de subjuntivo animándolos a que le pregunten cualquier duda.

Libro del profesor

Actividad 2

• **Comprensión lectora: relacionar frases con ilustraciones.**

Dé dos o tres minutos a los estudiantes para que trabajen individualmente y en silencio. A continuación corrija pidiendo a un voluntario que lea las frases cuidando la entonación.

Ampliación: sugiera a la clase que encuentre más frases para cada ilustración. Ejemplos:
a. *Mande la carta urgente para que llegue antes.*
b. *Espero que marquen muchos goles.*
c. *¿Quieres que vaya a comprar aspirinas?*
d. *Quiero que te diviertas.*
Este ejercicio le permitirá introducir más vocabulario.

Respuestas:
1.a; 2.d; 3.b; 4.c.

Actividad 3

• **Relacionar exponentes lingüísticos con sus correspondientes funciones comunicativas.**

Haga la actividad con los alumnos. Repita cada frase del ejercicio 2 y pregúnteles a qué función comunicativa corresponde. Pídales que escriban en su cuaderno una frase de cada tipo. Anime a los voluntarios a que lean las suyas.

Respuestas:
• *Expresar deseo: 3*
• *Expresar voluntad: 2*
• *Expresar finalidad: 1*
• *Ofrecer ayuda: 4*

Actividad 4

• **Expresión oral: interacción en grupos de tres (expresar deseos).**

Organice a la clase en grupos. Anímelos a que escriban las respuestas en su cuaderno. Recuérdeles que pueden preguntarle vocabulario usando la estructura *¿Cómo se dice ... en español?* También es una buena oportunidad para que trabajen con el diccionario.
Circule por el aula para ayudar a los estudiantes que lo necesiten y cerciorarse de que todos participan. Vaya anotando las faltas más significativas y corríjalas todas al final de la actividad. No dude en parar el ejercicio si surgen explicaciones que puedan resultar útiles para toda la clase.

Antes de corregir colectivamente y con el objetivo de que los alumnos puedan sacar partido de los conocimientos de sus compañeros, sugiera a cada grupo que compare sus deseos con los de otro y anoten las propuestas que más les gusten, así como las palabras nuevas.

Finalmente, escriba en la pizarra (o pida a un voluntario que lo haga) las propuestas más interesantes.

Actividad 5

• **Comprensión auditiva: escuchar para extraer información específica.**

Ponga la cinta dos veces.
Primera audición, para que los estudiantes se familiaricen con el texto.
Segunda audición, para que escriban las frases. Indíqueles que no es necesario escribir toda la frase sino una palabra clave (el adjetivo) que les permita luego reconstruirla. Ejemplo: *bien pagado/seguro > que esté bien pagado, que sea seguro.*
Por fin, pregúnteles con qué opiniones están de acuerdo y por qué.

2 Relacione cada frase con una ilustración.

1

Escriba clarito el nombre del destinatario para que la carta llegue correctamente.

2

Quiero que vuelvas antes de las ocho.

3

Espero que gane el Real Madrid.

4

¿Quieres que llame al médico?

3 Escriba el número de las frases correspondientes.

El presente de subjuntivo se usa para...

- Expresar deseo: ☐
- Expresar voluntad: ☐
- Expresar finalidad: ☐
- Ofrecer ayuda: ☐

4 En grupos de tres. ¿Qué esperan ustedes de...?

- Un empleo.
- Sus compañeros de trabajo.
- Sus amigos.
- Los políticos.

- Yo espero de un empleo que sea interesante.
- Yo también.

5 Ahora, escuchen a dos españoles contestar a las preguntas y anoten las respuestas. ¿Qué les parecen?

6 Escuche y escriba las frases. Luego imagine quiénes hablan.

1. • *Unos padres a su hijo.*
   ◆ *Sí, el hijo va a viajar solo en tren y los padres están preocupados.*

7 Ofrezca ayuda a estas personas.

1. Su compañero no sabe hacer un ejercicio.
   ¿Quieres que te explique la regla de gramática?
   ....

2. Su hermana está enferma y no puede ir a la farmacia a comprar las medicinas.
   ....

3. Está fumando y a la persona que está sentada a su lado le molesta mucho el humo.
   ....

4. Es domingo, un amigo le llama por teléfono porque está solo en casa y aburrido.
   ....

5. Están en el aula y una ventana está abierta. Dos de sus compañeros tienen frío.
   ....

6. Una amiga suya no quiere salir sola esta noche.
   ....

8 Complete las frases con *para que, quiero que, quieres que* o *espero que.*

1. Te doy este libro .... no te aburras durante el viaje.
2. Tengo que llamar a Julia .... me dé la receta de la paella.
3. El domingo vamos a la playa, ... haga sol.
4. ¿Qué te pasa? Estás muy blanca. ¿.................... llame al médico?
5. Toma, es un regalo para ti, ... te guste.
6. Envía la carta urgente .... llegue antes.
7. Antonia, ... mande un *e-mail* a la delegación de Bilbao.

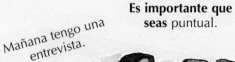

9 Observe.

Es + adjetivo + que + pres. de subjuntivo

Es | necesario / imprescindible / aconsejable | + que + pres. de subjuntivo

10 ¿Qué consejos daría a las siguientes personas?

a. Mañana Ricardo va a hacer un viaje en coche.
b. Este verano Juan y Marta se van a África de vacaciones.

a. *Es necesario que revises el coche y que duermas bien.*

Actividad 6

• **Comprensión auditiva y expresión escrita (dictado).**

Ponga la cinta tres veces.
Primera audición, para que los estudiantes descubran el texto.
Segunda audición, parándola después de cada frase (dos veces si resulta necesario), para que las copien.
Deles unos minutos para que corrijan las posibles faltas y realice una tercera audición para que escuchen las frases mientras las leen en su cuaderno.
Corrija del siguiente modo: saque a un voluntario para escribirlas en la pizarra y pregunte su opinión a los demás alumnos.
Por último, anime a la clase a que adivinen quiénes hablan.

Consolidación: pregunte a la clase cuál es el infinitivo de cada forma en presente de subjuntivo.

Posibles respuestas:	
1. Unos padres a su hijo.	4. Dos compañeras de trabajo.
2. Una chica maleducada a su padre.	5. Un padre a un hijo que se va de viaje.
3. Un director a su secretario/a.	

Actividad 7

• **Expresión oral o escrita: formar frases.**

Solicite un voluntario para leer cada situación y resuelva las dudas de vocabulario. Seguidamente, deje que cada estudiante trabaje a su ritmo de manera individual y en silencio. Antes de realizar la corrección con toda la clase, proponga a cada alumno que compare sus respuestas con las de un compañero y las mejoren juntos.

Posibles respuestas:	
2. ¿Quieres que baje a comprar las medicinas?	4. ¿Quieres que vayamos al cine?
3. ¿Quiere que abra la ventana? ¿Quiere que apague el cigarrillo?	5. ¿Queréis que cierre la ventana?
	6. ¿Quieres que te acompañe?

Actividad 8

• **Expresión escrita (completar un texto).**

Deje que los estudiantes trabajen individualmente. Circule por el aula para ayudar a los que lo necesiten.

Respuestas:
1.para que; 2.para que; 3.espero/esperamos que; 4.Quieres que;
5.espero que; 6.para que; 7.quiero que.

Actividades 9 y 10

• **Observar la formulación de consejos.**
• **Expresión oral: dar consejos.**

Pida a los estudiantes que lean las frases de la ilustración y llame su atención sobre el cuadro. Para facilitar la comprensión, proporcione más ejemplos, con las frases de los bocadillos:
• Es necesario/imprescindible/aconsejable que seas puntual.
• Es necesario/imprescindible/aconsejable que vayas bien vestido.

Ampliación: pregunte a los alumnos qué otros consejos podrían dar a este joven.

Plantee usted mismo las dos situaciones de la actividad 10 e invite a los estudiantes a que hagan la actividad todos juntos oralmente. Anote los verbos propuestos en la pizarra.

Este ejercicio es una buena ocasión para introducir vocabulario.

Posibles respuestas:
1. Es importante que duermas bien antes de salir. Es conveniente que lleves el coche al taller para una revisión.
2. Es aconsejable que vayan a una agencia de viajes. Es imprescindible que cambien dinero antes de salir.

Para consolidar la adquisición de estas estructuras, plantee otras situaciones o pida a los estudiantes que propongan dos o tres.

Actividades 11 y 12

• **Comprensión auditiva: relacionar textos con ilustraciones, extraer información específica.**

Lea el texto que encabeza la actividad y asegúrese de que todos los estudiantes lo han entendido. A continuación dirija su atención hacia las ilustraciones y pregúnteles qué les sugiere cada una.
Ponga la cinta tres veces.
Primera audición, para que se familiaricen con la conversación.
Segunda audición, haciendo pausas después de cada hipótesis, para que localicen el dibujo correspondiente.
Corrija colectivamente y realice la tercera audición para comprobar.

Consolidación: remita a los alumnos a la transcripción de la página 115 y solicite voluntarios para hacer una lectura expresiva de la misma.

Por último, anímelos a que contesten a la pregunta de la actividad 12. Indíqueles que tienen que usar el pretérito perfecto.

Respuestas:
• *5, 3, 2, 1, 4.*
• *¿Por qué ha vuelto tarde hoy Antonio a casa? Porque ha tenido mucho trabajo, ha tenido un problema con el coche, ha estado en un atasco, ha estado en casa de sus padres.*

Actividad 13

• **Expresión escrita: completar estructuras que sirven para la formulación de hipótesis.**

Variante
En lugar de volver a poner la grabación, puede invitar a los estudiantes a que localicen las estructuras en la transcripción de la página 115.

Comente el cuadro y anime a los alumnos a que le pregunten cualquier duda.
Antes de pasar a la siguiente actividad, recuerde la formación del futuro de indicativo. Indique asimismo que *tal vez* y *quizá* pueden ir con cualquier tiempo del indicativo. Por eso en el ejercicio se presenta *tal vez + futuro/presente de indicativo*.

Respuestas:

a) estará	d) esté
b) está	e) tenga
c) ha tenido	f) estará

Actividad 14

• **Expresión oral: interacción en grupos de tres (hacer conjeturas).**

Deje que los estudiantes formen los grupos y deles unos minutos para que realicen la actividad. Indíqueles que tienen que usar las tres formas de formular hipótesis. Circule por el aula para asegurarse de que todos participan y ayudarlos cuando lo precisen. Corrija colectivamente.

Posibles respuestas:
2. *A lo mejor le ha tocado la lotería.*
3. *Será su cumpleaños.*
4. *Quizá tenga muchísimo trabajo en la oficina.*

Actividad 15

• **Comprensión auditiva: escuchar para extraer información específica.**

Ponga la cinta las veces que vea necesarias para que los estudiantes puedan comprobar sus respuestas. ¿Cuántas han acertado?
Puede pedirles que, en parejas, imaginen situaciones. Otra pareja tendrá que buscar explicaciones.

Hoy es el cumpleaños de Antonio y sus amigos han decidido darle una sorpresa. Le están esperando en su casa. Pero son las nueve y Antonio todavía no ha llegado. Todos intentan encontrar una explicación.

Escuche la conversación y ordene las ilustraciones.

 ¿Por qué ha vuelto tarde hoy Antonio a casa?

 Vuelva a escuchar la cinta y complete las frases del recuadro con los verbos que faltan.

Para formular hipótesis:

Futuro	a) .... en un atasco.
A lo mejor + indicativo	b) A lo mejor .... en la oficina.
Quizá(s) + subjuntivo *Tal vez* indicativo	c) Quizá(s) .... mucho trabajo. d) Tal vez .... en casa de sus padres. e) Tal vez .... un problema con el coche. f) (Tal vez) .... aparcando el coche.

 En grupos de tres: lean las siguientes situaciones y busquen una explicación. Luego comparen sus hipótesis con las de otro grupo.

1. Son las nueve y media y Alicia, una de sus compañeras de clase, todavía no ha llegado. Ella es siempre muy puntual.

2. Philip, otro compañero, está hoy muy contento.

3. Su profesor llega a clase con dos botellas de cava.

4. Marco, otro de sus compañeros, últimamente está muy cansado.

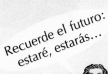
Recuerde el futuro: estaré, estarás...

1. • *Estará enferma.*
   ♦ *O quizá ha perdido el autobús.*
   ■ *¡Qué va! Siempre viene en coche.*

 Ahora escuchen la grabación y comprueben sus respuestas.

La fecha

13 de mayo de 2002

¡Hola!
Lo estoy pasando muy bien. Ayer estuve
en la playa todo el día. Conocí a unos
españoles muy simpáticos y decidimos
pasar las vacaciones juntos. Esta mañana
hemos subido al volcán. Mañana alquilaremos
un coche y daremos la vuelta a la isla.
Recuerdos a todos.

Elena

Academia Políglota

Para Carmen Rodríguez

Gran Vía, 60

28000 Madrid

La dirección del destinatario

El saludo

Estimados compañeros:
Queridas amigas:
¡Hola a todos!

El texto

La despedida

Muchos abrazos.
Un abrazo.
Un beso.
Besos a todos.
Hasta muy pronto.

1 *Están de vacaciones y cada uno de ustedes (solo/a o con otro/a compañero/a) ha ido a un lugar diferente de España. Hoy es el tercer día y decide escribir una postal a sus compañeros de clase.*

Elija un lugar muy conocido y escriba una postal.

* No diga dónde está.
* Cuente lo que hizo ayer y los días anteriores y lo que ha hecho hoy.
* Hable de sus planes para los próximos días.
* No firme.

• Expresión escrita: redactar el texto de una postal.

Solicite un voluntario para leer la postal y pida a la clase que justifique el uso del pretérito indefinido, del pretérito perfecto y del futuro (recalque las referencias temporales que acompañan a las formas).
Comente los diferentes apartados de la carta. Haga notar a los alumnos que al final del saludo se ponen dos puntos.

Si lo ve necesario, haga un breve repaso de los nombres de los meses y de la formulación de fechas.

A continuación, deje que cada estudiante trabaje a su ritmo. Circule por el aula para comprobar las producciones.

Si dispone de algún mapa o de folletos turísticos sobre España, entrégueselos a los estudiantes para ayudarles.

Nota: Las fotos representan
• Los molinos y el castillo de Consuegra (Provincia de Toledo).
• Dromedarios en Lanzarote (Islas Canarias).

Actividad 2

• Comprensión lectora.

Hagan la actividad todos juntos. Lea usted mismo las frases y pregunte a los estudiantes quién las dice. Pida que justifiquen su elección.

Respuestas: *C, E, C, E, C, E, E, C, C.*

Actividad 3

• Expresión oral: interacción en parejas (inventar un diálogo en una oficina de Correos).

Deje que los estudiantes se distribuyan en parejas y preparen el diálogo. Anímeles a que usen las frases adecuadas de la actividad anterior.

Antes de pasar a la escenificación, y con el fin de que cada estudiante pueda sacar partido de los conocimientos de sus compañeros, proponga a cada pareja que intercambie su trabajo con el de otro grupo y lo mejoren juntos.

Para que los alumnos se expresen con fluidez y naturalidad, anímelos a que se aprendan su papel de memoria y que no lean sus apuntes durante la representación. Indíqueles que han de adoptar la entonación más adecuada posible.

Si dispone de una cámara, grábelos para que luego puedan apreciar sus progresos y autoevaluarse.

Posible diálogo: – *Buenos días, quería un sello para Portugal.* * *Aquí tiene. Son … euros.* – *¿Cuándo llegará?* * *Pues... dentro de tres o cuatro días.*

Actividades 4 y 5

• Comprensión lectora y expresión oral.

Recoja todos los textos que han escrito para la actividad 1. Mézclelos y póngalos en una mesa. Solicite a un voluntario que los lea e invite a la clase a que adivine quién ha escrito cada uno, razonando su respuesta, como en el ejemplo. Por último, recuerde a los estudiantes que, para formular sus deseos, han de utilizar la estructura *Espero que* + subjuntivo.

Si varios estudiantes han elegido el mismo lugar, resultará interesante comparar sus actividades.

2 Usted ha ido a Correos a mandar la postal. Estas son algunas de las frases que puede oír en la oficina. Indique quién las dice: E = empleado, C = cliente.

- ☐ Quería mandar esta carta a Londres.
- ☐ ¿Urgente u ordinario?
- ☐ ¿Cuándo llegará?
- ☐ Dentro de tres o cuatro días.
- ☐ Quería certificar esta carta.
- ☐ Rellene este impreso.
- ☐ Firme aquí.
- ☐ Dos sellos, por favor.
- ☐ Vengo a recoger un paquete.

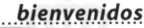

Le abrimos las puertas de nuestra organización. Conózcanos.

Logo por Internet. Correos.

3 Ahora representen la siguiente situación.

Estudiante A	Estudiante B
Usted quiere comprar un sello y saber cuándo llegará la postal.	Usted es el empleado de Correos. Atienda a su compañero/a.

4 Pongan las postales boca abajo en una mesa y elijan a un voluntario para leerlas a la clase.

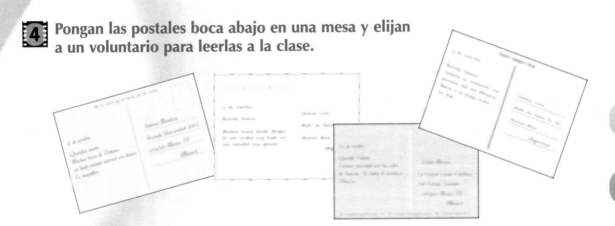

5 Entre todos intenten adivinar quién ha escrito cada una y desde dónde. Formulen algunos deseos para los últimos días.

- *Quizá es Pedro.*
- *Sí, le encanta la playa y tomar el sol. Pero no sé qué playa puede ser.*
- *Tal vez esté en Tenerife porque habla de una isla y de un volcán.*
- *Sí, es Tenerife. Yo estuve allí hace dos años y también subí al volcán.*
- *Pues espero que se divierta.*

En la ventanilla de Correos

	enviar	esta carta.
• Quería	mandar	este paquete.
		un telegrama.

| certificar esta carta. | ◆ *Rellene este impreso.* |

		◆ *Normal.*	
• ¿Cómo la quiere	mandar?	◆ *Urgente.*	
	enviar?	◆ *Certificada.*	• ¿Con acuse de recibo?

◆ *Sí.*
◆ *No.*

• Vengo a recoger un paquete. | ◆ *¿Me da el aviso, por favor?* | • Aquí tiene.

• ¿Cuándo llegará? | ◆ *Dentro de unos seis días.*

• ¡Uf! ¿Y no puede ser antes? | ◆ *Sí, urgente, pero es más caro.*

aquí y allá

2001
Calendario laboral

Enero

1	2	3	4	5	6	7
8	9	10	11	12	13	14
15	16	17	18	19	20	21
22	23	24	25	26	27	28
29	30	31

Febrero

			1	2	3	4
5	6	7	8	9	10	11
12	13	14	15	16	17	18
19	20	21	22	23	24	25
26	27	28

Marzo

			1	2	3	4
5	6	7	8	9	10	11
12	13	14	15	16	17	18
19	20	21	22	23	24	25
26	27	28	29	30	31

Abril

						1
2	3	4	5	6	7	8
9	10	11	12	13	14	15
16	17	18	19	20	21	22
23	24	25	26	27	28	29
30

Mayo

	1	2	3	4	5	6
7	8	9	10	11	12	13
14	15	16	17	18	19	20
21	22	23	24	25	26	27
28	29	30	31

Junio

					1	2	3
4	5	6	7	8	9	10
11	12	13	14	15	16	17
18	19	20	21	22	23	24
25	26	27	28	29	30

Julio

						1
2	3	4	5	6	7	8
9	10	11	12	13	14	15
16	17	18	19	20	21	22
23	24	25	26	27	28	29
30	31

Agosto

		1	2	3	4	5
6	7	8	9	10	11	12
13	14	15	16	17	18	19
20	21	22	23	24	25	26
27	28	29	30	31

Septiembre

					1	2
3	4	5	6	7	8	9
10	11	12	13	14	15	16
17	18	19	20	21	22	23
24	25	26	27	28	29	30

Octubre

1	2	3	4	5	6	7
8	9	10	11	12	13	14
15	16	17	18	19	20	21
22	23	24	25	26	27	28
29	30	31

Noviembre

			1	2	3	4
5	6	7	8	9	10	11
12	13	14	15	16	17	18
19	20	21	22	23	24	25
26	27	28	29	30

Diciembre

					1	2
3	4	5	6	7	8	9
10	11	12	13	14	15	16
17	18	19	20	21	22	23
24	25	26	27	28	29	30
31

- **1 de enero.** Año Nuevo (Arg., Esp., Méx.)
- **6 de enero.** Día de Reyes (Arg., Esp.)
- **5 de febrero.** Aniversario de la Constitución Mexicana (Méx.)
- **21 de marzo.** Natalicio de Benito Juárez y Día de la Primavera (Méx.)
- **12 de abril.** Jueves Santo (Arg., Méx.)
- **13 de abril.** Viernes Santo (Arg., Esp., Méx.)
- **1 de mayo.** Día del trabajador (Arg., Esp., Méx.)
- **5 de mayo.** Aniversario de la Batalla de Puebla (Méx.)
- **25 de mayo.** Primer gobierno patrio (Arg.)
- **10 de junio.** Día de las Malvinas (Arg.)
- **20 de junio.** Gral. Manuel Belgrano (Arg.)
- **9 de julio.** Día de la Independencia (Arg.)
- **15 de agosto.** Asunción de Nuestra Señora (Esp.)
- **17 de agosto.** Gral. José de San Martín (Arg.)
- **16 de septiembre.** Aniversario de la Independencia (Méx.)
- **12 de octubre.** Fiesta de la Hispanidad (Esp.). Día de la Raza (Arg.)
- **1 de noviembre.** Día de Todos los Santos (Arg., Esp.)
- **2 de noviembre.** Día de los Fieles Difuntos (Méx.)
- **11 de noviembre.** Día de la Tradición (Arg.)
- **20 de noviembre.** Aniversario de la Revolución Mexicana (Méx.)
- **6 de diciembre.** Día de la Constitución Española (Esp.)
- **8 de diciembre.** Inmaculada Concepción (Esp.)
- **12 de diciembre.** Día de la Guadalupana (Méx.)
- **25 de diciembre.** Natividad del Señor (Arg., Esp., Méx.)

Tareas en Internet

Situación: usted quiere enviar una carta por correo y desea informarse del precio y de los tipos de envío.

Consulte la página web Correos y telégrafos http://www.correos.es.

(1) El precio del envío de una carta a cualquier país del mundo

• Pinche en la página principal el icono **Franqueo**.

• Escoja a continuación **Calculador de Tarifas** y seleccione en los desplegables:

 – "Cartas y tarjetas postales internacionales".

 – El país donde la quiere enviar: Cuba (por ejemplo).

 – El peso de la carta: "hasta 20 gramos normalizada".

• Pulse **Cálculo Final**. ¿Cuánto vale mandar a Cuba una carta estándar?

(2) El precio del envío de una carta urgente y certificada

Usted quiere mandar esa misma carta al mismo país por correo urgente y certificado, ¿cuánto le va a costar?

• Para saberlo, vuelva a la página principal y escoja **Franqueo**.

• Elija en la columna de la derecha **Carta urgente**.

 – ¿Qué vale el envío de una carta normalizada hasta 20 gramos a Cuba? (Compruebe la zona.)

• Si además la carta es certificada, ¿cuál será el precio total?

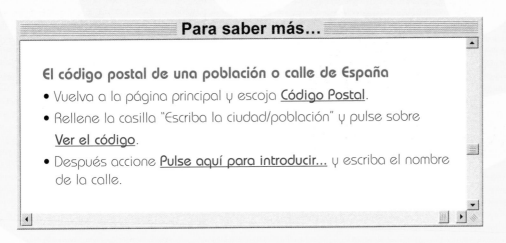

Para saber más...

El código postal de una población o calle de España

• Vuelva a la página principal y escoja **Código Postal**.

• Rellene la casilla "Escriba la ciudad/población" y pulse sobre **Ver el código**.

• Después accione **Pulse aquí para introducir...** y escriba el nombre de la calle.

Internet

Comente el título. Indique a los alumnos que el teleservicio (principalmente de entrega de comida a domicilio) es una actividad que los españoles solicitan cada vez más.

ENCARGANDO COMIDA POR TELÉFONO

− Telepaella, ¿dígame?

− Buenos días, quería encargar una paella.

Pregúnteles si han comido paella alguna vez y qué ingredientes llevaba.

− De conejo, pero sin chorizo. ¡Ah!, con calamares y mejillones...

− Muy bien. ¿Me da su nombre y dirección, por favor?

La Casita de los Arroces®

Paellas a domicilio
915 71...

Antes del visionado escriba en la pizarra las palabras y expresiones difíciles y explique su significado. Después ponga el vídeo las veces que sean necesarias sin subtítulos y con los libros cerrados

scripción

Deje que los estudiantes observen las fotos. Pida a un voluntario que lea la carta y resuelva las dudas de vocabulario.

Mixta
Mar y campo, el arroz al gusto de todos.

Pollo, langostinos, calamares, mejillones, almejas y pimientos.

Pueblo
El arroz al estilo de mi pueblo.

Chorizo, morcillas, longanizas, panceta, zanahoria y pimientos.

Campera
Todo el aroma del campo en su mesa.

Conejo, pollo, setas, champiñones, pimientos y nuestro toque especial.

Marisco
El sabor del mar en su mesa.

Carabineros, langostinos, almejas, mejillones, pescado y calamares.

Bebidas

Refrescos	150	
Lata de cerveza	175	
Vinos		Consultar
Agua 330 ml.		125

Pregunte a los estudiantes qué paella les apetecería probar.

Entrando en materia

Observe la publicidad. ¿Qué paella han pedido estos clientes?

a ∠**Campera.**
Con conejo pero sin pollo.

b ∠**Marisco.**
Sin pescado, por favor, pero con muchos mejillones y langostinos.

c ∠**Pueblo.**
Con muchas zanahorias, pero sin chorizo.

d ∠**Mixta.**
Con pollo y calamares, muchos calamares. Pero sin pimientos, no me gustan.

Telepaella: Telepaella, ¿dígame?

Isabel: Buenos días, quería encargar una paella.

T.: ¿Para cuántas personas?

I.: Dos o tres, depende del tamaño.

T.: Es grande. No se preocupe. ¿Con qué la quiere?

I.: De conejo, pero sin chorizo. ¡Ah!, con calamares y mejillones... muchos mejillones.

T.: ¿Y para beber?

I.: Dos latas de cerveza.

T.: Muy bien. ¿Me da su nombre y dirección, por favor?

I: Sí. Isabel. Calle Serrano 15. Es un hotel, habitación cuatrocientos trece.

T.: ¿Y el teléfono?

I.: El teléfono... noventa y uno, tres, uno uno, dos dos, cuatro cuatro.

10,81 euros

T.: Muy bien. Son (mil ochocientas) pesetas. ¿Va a necesitar cambio?

I.: Sí, de cinco mil, por favor.

T.: La tendrá dentro de una media hora.

I.: Bien, gracias.

T.: A usted, adiós.

prácticas

¿Ha comprendido bien?

¿Verdadero o falso?

		V	F
1	Isabel y Emilio tienen mucha hambre.	☒	☐
2	A Isabel le gusta mucho el chorizo.	☐	☒
3	A Isabel y Emilio les gustan mucho los mejillones.	☒	☐
4	También piden una botella de vino.	☐	☒
5	Llaman desde el hotel.	☒	☐
6	Van a pagar con un billete de 5.000.	☒	☐
7	Recibirán la paella dentro de media hora.	☒	☐

Secuencias

Ordene el diálogo de cada secuencia. Luego numere las secuencias tal y como se han visto en el vídeo.

c

¿Y el teléfono?

b

¿Me da su nombre y dirección, por favor?

a

El teléfono... noventa y uno, tres, uno uno, dos dos, cuatro cuatro.

4

1. .... b
2. .... d
3. c
4. .... a

d

Sí. Isabel. Calle Serrano 15. Es un hotel, habitación cuatrocientos trece.

a

A usted, adiós.

b

Bien, gracias.

6

c

La tendrá dentro de una media hora.

1. c
2. .... b
3. .... a

3

a
Dos latas de cerveza.

b
¿Y para beber?

1. .... b
2. .... a

a
Sí, de cinco mil por favor.

1. .... b
2. .... a

5

a
De conejo, pero sin chorizo. ¡Ah!, con calamares y mejillones… muchos mejillones.

b
Muy bien. Son mil ochocientas pesetas. ¿Va a necesitar cambio?

2

b
¿Con qué la quiere?

1. .... b
2. .... a

1

b
Dos o tres. Depende del tamaño.

a
¿Para cuántas personas?

c
Buenos días, quería encargar una paella.

1. .... d
2. c
3. .... a
4. .... b

d
Telepaella, ¿dígame?

Ahora, han de extraer de las frases que acaban de ordenar determinados exponentes funcionales. Motívelos para que los recojan por escrito en su cuaderno.

¡A escena!

Mediante este breve juego de rol se desarrolla la capacidad comunicativa. Anote en la pizarra las palabras clave y útiles para los estudiantes y deles unos minutos para redacten el texto. Luego, pídales que practiquen la conversación, alternando los papeles. Antes de pasar a la escenificación, sugiérales memorizar su texto.

Encargar comida por teléfono.

¿Qué se dice para…?

- **Explicar lo que se quiere.**

- **Solicitar y facilitar los datos para la entrega.**

En grupos de tres: situación.

Estudiantes A y B: están en casa del estudiante A. Son las nueve y llaman a "La casita de los Arroces" para pedir una paella mixta (la quieren sin mejillones) y una botella de rosado. Tienen prisa.

Estudiante C: usted es el empleado de "La casita de los Arroces". Atienda a los clientes. La paella cuesta 3.000 ptas. (18 €) y tardará 20 minutos en llegar.

REPETIR FRASES

1 Escuche y observe.

	Frase	Que + frase
Repetir una información	*Ha llegado la paella.*	*Que ha llegado la paella.*
	Tengo hambre.	*Que tengo hambre.*

	Pregunta sin partícula	Que + si + pregunta
Repetir una pregunta	*¿Has terminado ya?*	*Que si has terminado ya.*
	¿Sirvo la paella?	*Que si sirvo la paella.*

	Pregunta con partícula	Que + pregunta
	¿Dónde comemos?	*Que dónde comemos.*
	¿Cuánta paella querés vos?	*Que cuánta paella querés vos.*

2 En parejas.

Estudiante A	Estudiante B
Diga las siguientes frases a su compañero/a. - Me gustan tus zapatos. - Tengo ganas de tomarme un café. - ¿Vamos al cine el sábado? - ¿Puedes abrir la ventana? - ¿Cuándo vas a llamar a Carmen? - ¿Cómo vienes a la academia? **Ahora, su compañero/a le va a decir unas cuantas frases pero usted no oye bien. Pídale que las repita.** Use: ¿Cómo? ¿Cómo dices? Habla más alto, no te he oído.	Su compañero/a le va a decir unas cuantas frases pero usted no oye nada porque hay bastante ruido. Pídale que las repita. Use: ¿Cómo? ¿Cómo dices? Habla más alto, no te he oído. **Ahora, dígale estas frases y preguntas.** - Esta noche voy a cenar con Marisa. - Mañana hay un partido de fútbol en la tele. - ¿Me puedes prestar un bolígrafo? - ¿Has visto la última película de Almodóvar? - ¿Qué hora es? - ¿Dónde estuviste el domingo?

Fíjese: el imperativo negativo y el presente de subjuntivo se conjugan igual.

REPETIR FRASES EN IMPERATIVO

3 Observe.

Frase en imperativo afirmativo	Que + frase en presente de subjuntivo
Dame el libro.	*Que me des el libro.*

Frase en imperativo negativo	Que no + frase en presente de subjuntivo
No vuelvas tarde.	*Que no vuelvas tarde.*

Actividad 1

- **Comprensión auditiva: localizar estructuras.**
- **Observar estructuras que se emplean para repetir frases y preguntas.**

Realice una primera audición con los libros cerrados. A continuación, escriba las frases y las preguntas en la pizarra, vuelva a poner la cinta parándola después de cada oración y pregunte a los estudiantes cómo las repite Isabel.
A continuación, ponga de nuevo el fragmento e invite a los alumnos a que lo escuchen mientras leen las frases en el libro, para comprobar sus respuestas. Resuelva cualquier duda.

Llame su atención sobre la última pregunta *¿Cuánta paella querés vos?* Recuérdeles que Isabel es argentina y por eso emplea *vos* en lugar de *tú*.

Haga hincapié en que, en la repetición de las preguntas, los interrogativos conservan la tilde *(dónde, cuánta)*.

Actividad 2

- **Expresión oral: interacción en parejas (repetir frases y preguntas).**

Deje que los alumnos se distribuyan en parejas y lea con ellos la instrucción de la actividad. Seguidamente, deles unos minutos para que lleven a cabo el ejercicio. Circule por el aula para comprobar las producciones de los estudiantes y para asegurarse de que pronuncian las frases con la debida entonación. Atienda cualquier duda.

Los que terminen antes podrán repetir el ejercicio con otro compañero, cambiando de papel.

Actividad 3

- **Observar estructuras para la repetición de frases en imperativo.**

Lea ahora las frases de la actividad 3 y coméntelas.

Consolidación: pregunte a los estudiantes cómo repetirían las siguientes frases en imperativo.
- *Ven.* Que vengas.
- *Tenga cuidado.* Que tenga cuidado.
- *Escriban las frases.* Que escriban las frases.
- *Haz el ejercicio.* Que hagas el ejercicio.
- *Escucha la conversación.* Que escuches la conversación.
- *No mandes el correo electrónico.* Que no mandes el correo electrónico.
- *Pon el vídeo.* Que pongas el vídeo.

Actividad 4

• **Comprensión auditiva y expresión escrita: localizar estructuras en un texto oral y trasladarlas a un texto escrito.**

Indique a los estudiantes que trabajen individualmente. Pase por las mesas para leer las respuestas. No dude en parar el ejercicio si surgen explicaciones que puedan resultar útiles para toda la clase.
Antes de corregir, invite a los alumnos a que comparen sus frases con las del compañero más cercano. Finalmente, para comprobar, ponga la grabación parándola cuando sea preciso.

Variante.
Esta actividad también puede realizarse en parejas (chico/chica). El primer alumno completa las frases de Carlos y su compañera las de Isabel.

Consolidación: pida a dos voluntarios que lean la conversación cuidando la entonación.

Respuestas:
Que entres tú primero; Cierra; Que me des tu chaqueta; que la pongas en ese perchero; Llama al camarero; Que me ponga una cerveza; Que pidas unas tapas.

Actividad 5

• **Expresión oral: repetir un texto cambiando formas verbales.**

Deje que los estudiantes completen el diálogo individualmente y por escrito (para que cada uno pueda trabajar a su ritmo).

Respuestas:
Que entres tú primero; Cerrá la puerta; Que me des tu chaqueta; No, que la pongas en ese perchero; Llamá al camarero; Que me ponga una cerveza; Que pidas unas tapas.

Actividad 6

• **Comprensión lectora.**

Solicite dos voluntarios: el primero para leer el bocadillo y el otro la nota de la recepcionista. Sugiera luego a la clase que señale qué cambios se han realizado: formas verbales *(yo > ella)* y posesivos *(mi > su).*

Actividad 7

• **Expresión oral: interacción en grupos de tres (repetir las palabras del compañero).**

Organice a la clase en grupos de tres y explique la mecánica del ejercicio. A continuación, dé unos minutos a los estudiantes para que trabajen. Pase por los grupos para comprobar las producciones y asegurarse de que efectúan correctamente los cambios. Corrija con tacto cuando sea preciso.

Los que terminen antes podrán repetir la actividad con otro compañero, cambiando de papel.
Haga una corrección colectiva para consolidar estas nuevas estructuras.

Respuestas:
– Que esta noche va a cenar con su madre.
– Que mañana es su cumpleaños y que traerá cava.
– Que le duele la cabeza.
– Que esta noche hablará con su primo Luis.

4 Carlos y María están en un pub tomándose algo. Como la música está muy alta, casi no se oyen.

Escuche y complete la conversación con las frases que faltan. Luego, escuche y compruebe.

1. Carlos	Entra tú primero.		4. María	....
María	¿Cómo?		Carlos	¿Qué has dicho?
Carlos	....		María	Que llames al camarero.
			Carlos	¡¡Camarero!!
2. María	.... la puerta,		Camarero	Buenas noches,
	que hace frío.			¿qué desean?
Carlos	¿Perdona?		María	Póngame una cerveza.
María	Que cierres la puerta.		Camarero	¿Cómo?
			María	....
3. Carlos	Dame tu chaqueta.		Carlos	Y para mí, una tónica.
María	¿Cómo?		Camarero	¡Cerveza y tónica,
Carlos	....			andando!
María	Toma. Ponla en ese			
	perchero.		5. María	Carlos, pide unas tapas,
Carlos	¿Que quieres un mechero?			que tengo hambre.
	Pero si tú no fumas.		Carlos	¿Eh? ¿Que quieres fiambre?
María	No, ...		María	....

5 **Imaginen que esta conversación la mantienen Isabel (que es argentina) y Emilio. ¿Qué diría ella si emplea "vos" en lugar de "tú"?**

EL ESTILO INDIRECTO

6 Mientras Isabel y Emilio están fuera, la madre de Isabel llama al hotel.
Lea el final de la conversación telefónica y la nota de la recepcionista.

Por favor, dígales que el lunes los esperaré en el aeropuerto con mi amiga Andrea.

Ha llamado su madre. Ha dicho que los esperará el lunes en el aeropuerto con su amiga Andrea.

7 **En grupos de tres.**

Estudiante A	Estudiantes B y C
Diga las siguientes frases a su compañero/a B. - Ayer vi una película muy interesante. - Esta noche voy a cenar con mi madre. - Mañana es mi cumpleaños, traeré cava. - Me duele la cabeza. - Esta noche hablaré con mi primo Luis.	Estudiante B **Escuche las frases de su compañero/a A y coménteselas a su compañero/a C.** Estudiante C **Pregunte a su compañero/a B lo que le ha dicho A.**

A: Ayer vi una película muy interesante.
C: ¿Qué te ha dicho?
B: Pues... que ayer vio una película muy interesante.

8 **Lea y observe.**

*Cuando tomaron el avión, Isabel y Emilio estaban un poco cansados porque la noche anterior **habían salido** y **se habían acostado** muy tarde. Pero se fueron muy contentos porque **habían visto** muchas cosas.*

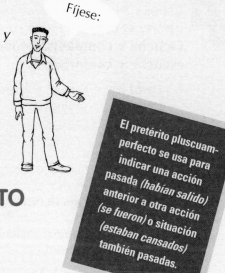

Fíjese:

El pretérito pluscuamperfecto se usa para indicar una acción pasada *(habían salido)* anterior a otra acción *(se fueron)* o situación *(estaban cansados)* también pasadas.

EL PRETÉRITO PLUSCUAMPERFECTO

Haber en imperfecto + participio pasado

(Yo)	había	
(Tú/Vos)	habías	tomado
(Él/Ella/Usted)	había	comido
(Nosotros/as)	habíamos +	salido
(Vosotros/as)	habíais	dicho
(Ellos/Ellas/Ustedes)	habían	

9 **Escuche y relacione cada frase con una ilustración. Luego, escríbalas e indique qué acción se desarrolló primero en cada una.**

10 **Relacione y conjugue los verbos en pretérito pluscuamperfecto.**

1. Ayer, cuando llegué a la academia,
2. Juan estaba enfermo
3. Cuando salí del despacho
4. Me fui de viaje a México
5. Cuando Emilio llegó al cine,
6. Cuando llegamos a la estación,
7. Ayer vi a Carmen y me dijo que
8. El equipo ganó la medalla de oro
9. Cuando me casé,
10. Antes de entrar en esta empresa,

a. porque el día anterior (comer) .... demasiado.
b. el tren ya (salir) ....
c. porque un amigo me (decir) .... que era un país precioso.
d. todavía no (terminar) .... la carrera.
e. porque (entrenarse) .... mucho.
f. ya (mandar) .... todos los *e-mails*.
g. la clase ya (empezar) ....
h. (cambiarse) .... de trabajo.
i. Isabel ya (sacar) .... las entradas.
j. Marisa nunca (trabajar) ....

Actividad 8

• **Observar la morfología y el uso del pretérito pluscuamperfecto.**

Lea la frase que encabeza la actividad haciendo hincapié en las formas en pretérito pluscuamperfecto *(habían salido, se habían acostado, habían visto)*. Haga notar a la clase que las acciones indicadas por estos verbos son anteriores a otras acciones o situaciones también pasadas *(tomaron el avión, estaban cansados, se fueron)*.
Para que los estudiantes entiendan bien cuándo se usa este tiempo, dibuje en la pizarra una línea del tiempo y sitúe en la misma los verbos que aparecen en el texto (los tres en pluscuamperfecto van antes).
Por último, explique la formación de este nuevo tiempo, recurriendo al cuadro.

Pregunte a los estudiantes cuáles son los participios pasados de: *abrir, decir, escribir, hacer, poner, romper, ver, volver.*

Actividad 9

• **Comprensión auditiva: relacionar frases con ilustraciones.**
• **Expresión escrita: dictado.**

Antes de la audición, pregunte a la clase qué verbo(s) les sugiere cada ilustración.
a) *Dejarse las llaves dentro.*
b) *Llegar. Cenar.*
c) *Casarse.*
d) *Ir/Llegar al teatro.*
Ponga la cinta dos veces, la primera para que los estudiantes se familiaricen con los textos y la segunda para que realicen la actividad.
Vuelva a poner la grabación parándola entre cada situación (las veces que resulten necesarias) y pida a los alumnos que anoten las frases. Saque a un voluntario para que las escriba en la pizarra (así, usted podrá comprobar la corrección ortográfica) y subraye las formas en pretérito pluscuamperfecto.

> **Respuestas:**
> • 1.d; 2.b; 3.c; 4.a.
> • *ya había empezado; ya habían cenado; se había casado; me había dejado.*

Actividad 10

• **Expresión escrita y comprensión lectora: completar y formar frases a partir de diferentes elementos.**

Deje que los estudiantes trabajen individualmente y por escrito. Pase por las mesas para atender cualquier consulta.

Variante
Esta actividad también puede realizarse en parejas: el primer estudiante dice la primera parte de la frase y su compañero localiza la segunda y conjuga el verbo.

> **Respuestas:**
> 1.g: *había empezado*
> 2.a: *había comido*
> 3.f: *había mandado*
> 4.c: *me había dicho*
> 5.i: *había sacado*
> 6.b: *había salido*
> 7.h: *se había cambiado*
> 8.e: *se había entrenado*
> 9.d: *había terminado*
> 10.j: *había trabajado*

Actividad 11

• **Comprensión auditiva.**
• **Expresión escrita: escribir frases oídas.**

Explique el sentido de las palabras *sorpresa, aburrimiento, alivio, resignación, incredulidad* y *alegría* recurriendo a la mímica.
Ponga la cinta dos veces, la primera para que los estudiantes se familiaricen con las frases; y la segunda (parándola entre cada situación) para que anoten las frases en los bocadillos.
Corrija colectivamente.

> *Respuestas:*
> *Aburrimiento: ¡Qué rollo!*
> *Sorpresa: ¿No me digas!*
> *Alivio: ¡Menos mal!*
> *Resignación: ¡Qué se le va a hacer!*
> *Incredulidad: ¡Venga ya!*
> *Alegría: ¡Qué bien! ¡Fenomenal!*

Consolidación: pronuncie cada expresión para dar el modelo de entonación y ritmo y pida a los estudiantes que las repitan con la debida expresividad. Anime a los voluntarios a que hagan una lectura expresiva de la transcripción de la pág. 115.

Actividad 12

• **Comprensión lectora y expresión oral: leer unos titulares de periódicos y reaccionar.**

Solicite unos voluntarios para leer los titulares y aclare las dudas de vocabulario (también puede pedir a los estudiantes que recurran al diccionario). A continuación, organice a los alumnos en grupos de tres: por turnos, uno leerá las frases y sus compañeros reaccionarán. Pase por las mesas para escuchar las producciones y corregir los errores más significativos.

> *Posibles respuestas:*
> *Dice el periódico que*
> *– mañana bajará...* → *¡Fenomenal!*
> *– unos científicos...* → *¡Venga ya!*
> *– tres biólogos...* → *¡Qué bien! ¡Menos mal!*
> *– dentro de tres años...* → *¡Venga ya!*
> *– estará prohibido...* → *¡Fenomenal! / ¡Qué se le va a hacer!*
> *– esta noche...* → *¡Qué rollo!*
> *– las asociaciones...* → *¡Menos mal!*
> *– mañana...* → *¡Qué rollo! / ¡Fenomenal! ¡Qué bien!*

EXPRESAR SENTIMIENTOS

 11 Escuche cómo reaccionan estas personas ante unas noticias y escriba las frases en los bocadillos correspondientes.

- ¡No me digas!
- ¡Qué rollo!
- ¡Qué se le va a hacer!
- ¡Qué bien! ¡Fenomenal!
- ¡Venga ya!
- ¡Menos mal!

Aburrimiento

Sorpresa

Alivio

Resignación

Incredulidad

Alegría

12 En grupos de tres. Lean los siguientes titulares de periódicos y reaccionen.

Mañana bajará el precio de la gasolina.

Unos científicos estadounidenses inventan una máquina para viajar en el tiempo.

¡Por fin! Tres biólogos alemanes encuentran la vacuna contra el SIDA.

Dentro de tres años podremos elegir el sexo de los bebés.

Estará prohibido fumar en los lugares públicos a partir del próximo mes.

Esta noche veremos un gran debate político en televisión.

Las asociaciones ecologistas consiguen que los gobiernos prohíban talar más árboles en la selva amazónica.

Mañana, gran final de la copa del mundo de fútbol.

- *Dice el periódico que mañana bajará el precio de la gasolina.*
- *Pues ¡qué bien! ¿No?*

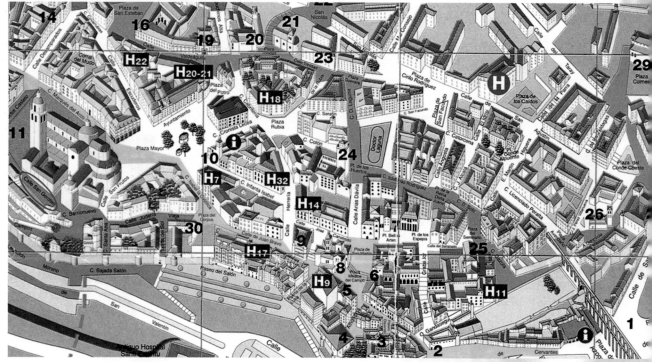

Plano-callejero de Segovia, Patronato de Turismo, Junta de Castilla y León.

1 Unos amigos suyos de Segovia le han dejado su piso una semana para que visite la ciudad. Usted va con su mujer en coche. Sus amigos viven en la calle San Geroteo.

En grupos de tres:

Estudiantes A y B: usted y su pareja están en la calle Colón (24) pero no saben ir hasta la casa de su amigo. Paren el coche y pregunten a un transeúnte (estudiante C).

Estudiante C: observe el plano de Segovia y ayude a sus compañeros. Está en la calle Colón (24).

2 Es su primer día en Segovia y, como no conocen la ciudad, deciden ir a la oficina de turismo a pedir información.

En grupos de tres: escriban y escenifiquen la siguiente conversación.

Estudiantes A y B: quieren ver los principales monumentos de Segovia (catedral, museos, etc.).

Estudiante C: usted trabaja en la oficina de turismo. Atienda a sus compañeros.

SEGOVIA, Patrimonio de la Humanidad

- El acueducto (1). Construido en el siglo I para abastecer de agua a un importante enclave militar romano. Tiene una longitud de 15 km. Su punto más alto alcanza los 28 metros.
- Iglesia de San Miguel (10). Construida en el siglo XVI. En ella fue coronada la Reina de Castilla Isabel la Católica.
- Catedral (11). De estilo gótico.
- Alcázar. Palacio-Castillo.
- Casa Museo de Antonio Machado (14). Pensión donde vivió el poeta de 1919 a 1932.

Catedral. SEGOVIA.

El objetivo de este último Se Rueda es que los estudiantes manejen los recursos adquiridos a lo largo del libro y afiancen su expresión oral. Las actividades propuestas requieren que hayan integrado las estructuras. Sin embargo, antes de empezar, para reactivar los conocimientos, pida a la clase que repase las páginas Aprendiendo el Guión. Vuelva a poner las secuencias del vídeo parándolas cuando resulte necesaria alguna aclaración.

Si durante la preparación de los trabajos comprueba dificultades, sugiera a los alumnos que recurran a las transcripciones correspondientes de las secuencias de vídeo.

Anímelos a que escriban las conversaciones de cada juego de rol. Los voluntarios podrán escenificarlas luego ante sus compañeros. Procure que cada estudiante actúe por lo menos una vez.

Puede proponer a los estudiantes que preparen estas actividades en casa.

Si dispone de una cámara, grábelos para que luego puedan apreciar sus progresos y autoevaluarse.

Actividad 1

• **Expresión oral: interacción en grupos de tres (preguntar e indicar un camino).**

Antes de iniciar la actividad, dibuje un mapa de España en la pizarra y sitúe Segovia en el mismo.
Explique la situación a los estudiantes y pídales que se distribuyan en grupos de tres. Deles unos minutos para que redacten la conversación.
Recuérdeles que para indicar un itinerario pueden usar la perífrasis *Tener que* + infinitivo, el presente de indicativo o el imperativo.
Supervise discretamente la realización de la actividad haciendo preguntas a los estudiantes más tímidos o menos avanzados para darles más oportunidades de expresarse.

Antes de pasar a la escenificación, invite a los alumnos a memorizar su texto. (Para ejercitar su memoria y actuar con más naturalidad.)

Consolidación: explique a los estudiantes que la calle del Cronista Lecea está cortada por obras y, todos juntos, indiquen otro camino, de tres maneras diferentes:
• *Con tener que* + infinitivo.
• Conjugando los verbos en presente de indicativo.
• Usando el imperativo.

Actividad 2

• **Expresión escrita y oral: interacción en grupos de tres (redactar y representar una conversación en una oficina de turismo).**

Invite a los estudiantes a que formen los grupos y lea la información sobre Segovia con los "estudiantes C". Resuelva las dudas de vocabulario.
Luego, deje que cada grupo trabaje a su ritmo. Indique a los "estudiantes C" que tienen que explicar a sus compañeros las palabras de la información turística cuyo sentido estos desconozcan.
Anime a los alumnos a que escenifiquen su conversación con la mayor expresividad posible.
Luego, hagan juntos el balance de la actividad: ¿cuál es el monumento más visitado? Pida a los estudiantes que lo han escogido que razonen su elección.

Ampliación
Si dispone de folletos turísticos de Segovia, llévelos a clase para enseñárselos a los estudiantes. Estos podrán repetir la actividad eligiendo otros museos y monumentos de interés.

Actividad 3

• **Expresión escrita y oral: interacción en grupos de tres (redactar y representar una conversación en una tienda de ropa).**

Explique el objetivo de la actividad y pida a los estudiantes que formen los grupos (diferentes a los anteriores). Luego, siga los mismos pasos que en las actividades anteriores.

Antes de pasar a la escenificación invite a los alumnos a que repitan varias veces sus frases.
Anime a los demás a que den su opinión y, entre todos, redacten una nueva conversación teniendo en cuenta las mejores propuestas.

Actividad 4

• **Expresión escrita y oral: interacción en parejas (redactar y representar una conversación en una farmacia).**

Deje que los estudiantes se agrupen en parejas y deles unos minutos para que se distribuyan los papeles y preparen la conversación.

Antes de pasar a la escenificación y con el fin de que cada estudiante pueda sacar partido de los conocimientos de sus compañeros, proponga a cada pareja que intercambie su trabajo con el de otra y, luego, lo mejoren juntos.

Actividad 5

• **Expresión escrita y oral: interacción en grupos de tres (redactar y representar una conversación telefónica con una empresa de teleservicios).**

Pida a los alumnos que se agrupen de tres en tres y que redacten una posible publicidad de una empresa como Telepizza. Deberán indicar:
– Los ingredientes base.
– Los ingredientes adicionales.
– Las bebidas.
– Los postres.
Ponga las propuestas en común y escriban todos juntos una carta.

Al igual que en las actividades anteriores, pase por las mesas para ayudar a los estudiantes que lo necesiten. Valore siempre positivamente las frases correctas. Si cometen errores, al corregirlos, no los repita, dé sólo la versión correcta.

Antes de la escenificación, y para que los alumnos se expresen con más fluidez y naturalidad, sugiérales que se aprendan su papel de memoria y procuren luego no leer sus apuntes. Explíqueles asimismo que han de actuar con la entonación más adecuada posible.

Una vez terminadas todas las actividades, puede entablar una conversación informal con la clase para saber (por ejemplo):
• Qué le han parecido los ejercicios.
• Si le gustaría repetir alguno.
• Si quiere volver a ver el vídeo.
• Si desea repasar alguna estructura funcional o gramatical.

3 *Paseando por las calles, su mujer ve un vestido en un escaparate y decide comprárselo.*

En grupos de tres: escriban y escenifiquen la conversación en la tienda.

Estudiante A: quiere comprarse el vestido del escaparate. Su talla es la 40. Le gusta mucho cómo le queda.

Estudiante B: usted es el marido. No le gusta el vestido. Le parece demasiado estrecho.

Estudiante C: usted es la dependienta de la tienda.

Son las siete y media y están un poco cansados. A usted le duele mucho la cabeza.

En parejas: escriban y escenifiquen la conversación en la farmacia.

Estudiante A: le duele mucho la cabeza.

Estudiante B: usted es la farmacéutica. Pregunte al cliente qué le pasa y dele una caja de aspirinas (350 pesetas).

4

5 *Por fin vuelven a casa y no les apetece nada cocinar. En las páginas amarillas han visto la siguiente publicidad.*

En grupos de tres: escriban y escenifiquen la conversación telefónica con "Telepizza".

Estudiantes A y B: elijan la comida y la bebida y encárguenlas. Tienen bastante prisa.

Estudiante C: usted trabaja en "Telepizza", conteste al teléfono.

Archivo

Atrás

Dirección

Hacer el pedido

• Telecomida,	• Buenos días.	*Quería*	*encargar*	*una pizza,*	
			pedir	*una paella,*	*por favor. (?)*
¿dígame?		*¿Me podría traer*		*hamburguesas,*	
				una ensalada mixta,	

Describir la comida

| • ¿Para cuántas personas? | • *Para* | *tres.* |
| | | *cuatro.* |

• ¿Cómo la(s) quiere?	• *Pues…*	*con tomate.*
		con mucho queso.
		sin aceitunas.

• *Un refresco.*

• ¿Y para beber?	• *Agua mineral.*
• ¿Quiere alguna bebida?	• *Una botella de vino tinto/rosado/blanco.*
	• *Dos latas de cerveza.*

Pedir y facilitar los datos para la entrega

| • ¿Me da su nombre y dirección? | • *Alicia Campos. Gran Vía, 21.* |
| • ¿Y el teléfono? | • *91 452 22 88.* |

Preguntar cuándo llegará la comida

• ¿Cuánto van a tardar?	
• ¿Van a tardar mucho?	• *La tendrá dentro de media hora.*
• ¿Tardarán mucho?	• *Unos veinticinco minutos.*

aquí y allá

Dichos y refranes

España

- Al pan, pan y al vino, vino.
- El que se pica, ajos come.
- Hay que desayunar como un rey, comer como un príncipe y cenar como un mendigo.

México

- Dar atole con el dedo.
- Pleitos con todos menos con la cocinera.
- Cuesta más el caldo que las albóndigas.

Argentina

- ¡Chocolate por la noticia!
- Calentar la pava para que otro tome el mate.
- Empanada, locro y vino, todos los domingos.

Tareas en Internet

Eligiendo comida

Adelante	Detener	Actualizar	Inicio	Búsqueda	Favoritos	Correo	Imprimir

 http://www.pansandcompany.com Ir a

Situación: usted y su pareja están pasando unos días de vacaciones en Madrid. Están alojados en un hotel y quieren pedir comida española a domicilio.

Recuerde que si tiene alguna duda, puede consultar el diccionario culinario en la página http://www.ciudadfutura.com/recetas.

(1) Bocadillos

- Vaya a pansandcompany.com y pulse sobre **¿Qué comemos?**.
  - De entre los bocadillos "clásicos", ¿cuál le apetece pedir?
  - ¿Y de los de "a la plancha"?

(2) Paella

- Abra la página http://www.adomicilio.com/motopaella/index.htm.
  - ¿Cuántos tipos de paella le ofrecen? ¿Cuánto cuestan?
  - ¿Puede cursar el pedido ahora mismo?
  - ¿Qué tiene que hacer?

Para saber más...

Tacos, fajitas...

- Su pareja es una entusiasta de la comida mexicana. Consulte la página http://www.comercomer.com
- En los desplegables seleccione: "A domicilio" (servicios), "Madrid" (provincia), "Madrid" localidad), "28013" (código postal), y accione "listar".
- Después, indique:

Cocinas disponibles	Precios	Restaurantes disponibles
Mexicana	Menos de 3.000	Todos

Pulse sobre listar.

- Entre en el menú del restaurante que le proponen. ¿Qué entrante típico mexicano le apetece? ¿Cuánto es el pedido mínimo para que se lo lleven a su domicilio?
- Si usted vive en las afueras, ¿cuánto tiene que pagar extra? (Accione **Haz clic aquí para consultar los gastos...**)

Internet

111

EPISODIO 0

PRESENTACIÓN

3. Isabel y Emilio hablan de sus gustos y aficiones. Escuche y complete el cuadro. (p. 6)
I.: Bueno, a mí me encanta salir, divertirme, estar con mis amigas...
E.: Sí, es verdad.
I.: También me encanta mi trabajo, soy profesora; trabajo en un instituto, y... bueno, aunque trabajo mucho, me lo paso muy bien.
E.: A mí me encanta la comida japonesa.
I.: A mí no, nada.
E.: Bueno, también me gusta salir los fines de semana: ir al cine o al teatro o ver una exposición.
I.: A mí no me gustan las exposiciones. Ah... Me gusta el deporte: juego al tenis, voy a la piscina una vez por semana después del trabajo y todos los domingos por la mañana hago jogging, ocho kilómetros, pero sola, porque a Emilio no le gusta correr. Y me gustan los perros, mucho, pero no tenemos, Emilio no quiere, no le gustan.
E.: Es verdad. Prefiero los gatos porque son muy independientes.

4. Escuche de nuevo la grabación. ¿Cómo son de carácter Emilio e Isabel? Use algunos de los adjetivos de esta lista. (p. 7)

HISPANOAMÉRICA

2. Ahora, escuchen la grabación y comprueben. (p. 8)
• México está en América del Norte. Limita al norte con Estados Unidos y al sur con Guatemala.
• Argentina es el país hispanoamericano más grande. Limita al oeste con Chile.
• Paraguay está al noreste de Argentina y no tiene mar.
• En el mar Caribe están las Antillas, un archipiélago formado por varias islas. Las hispanohablantes son, de oeste a este: Cuba, República Dominicana y Puerto Rico.
• El Salvador es un país de América Central. Limita al oeste con Guatemala y al norte con Honduras.
• Venezuela está situada al sur de Puerto Rico y limita al este con Colombia.
• Panamá está entre Costa Rica y Colombia.
• Ecuador es un pequeño país situado al sur de Colombia.
• Uruguay es el país más pequeño de América del Sur.
• Perú está entre Ecuador y Chile y al oeste de Bolivia.
• Nicaragua está en América Central.

ESPAÑA

3. Escuchen lo que dicen unos españoles en una encuesta. Compárenlo con las respuestas más mencionadas por la clase. (p. 12)
▶ Buenos días, es para un estudio, ¿puedo hacerles unas preguntas?
♦ Por supuesto.
▶ Díganme el nombre de monumentos españoles.
♦ La Sagrada Familia de Barcelona.
❧ Pues, no sé... a ver, sí, sí, la Alhambra de Granada.
• Y yo, pues... la Catedral de Sevilla.
▶ Deportes y aficiones.
❧ El fútbol, por supuesto.
• Hombre, pues los toros, claro.
❧ Y el ciclismo, Miguel Induráin ha ganado cinco veces el Tour de Francia.
• También está el tenis, con Arantxa Sánchez Vicario.
▶ Ciudades.
❧ Madrid, la capital.
• Y Barcelona, y Sevilla, que es muy bonita...
♦ Y Granada, claro.
▶ ¿Músicas?

♦ Hombre, ¡el flamenco!
❧ El pasodoble, también.
• Y el rock también, en España hay grupos muy famosos.
▶ Paisajes.
❧ La playa.
♦ Sí, eso, la playa.
• Y los parques naturales, en España tenemos muchos.
▶ Acontecimientos históricos.
♦ Uno muy, muy importante... eh... la transición democrática, eso, la transición democrática en 1975.
• Y también el ingreso de España en la Unión Europea en 1986.
▶ Personajes ficticios.
❧ Creo que el más importante es Don Quijote.
• No estoy de acuerdo, el más importante es Carmen.
▶ Y, para terminar, personajes famosos.
♦ ¿Muy famosos? Yo diría que el más conocido es el Rey, y la Reina, claro.
❧ Y Julio Iglesias, ¿qué?
• También están Picasso, el Greco, Goya, Dalí...

5. Escuche este programa de televisión en el que se habla sobre los horarios y las costumbres de los españoles y complete el cuadro. (p. 13)
Primero, vamos a hablar de los horarios.
En general, los españoles se levantan entre las siete y las ocho de la mañana y desayunan durante unos 15 minutos. Comen entre las dos y las tres. Muchos lo hacen en casa. Por la noche cenan entre las nueve y las diez y media y se acuestan entre las once y las doce y media.

Entre las obligaciones diarias, la primera es trabajar: ocho horas diarias. Otras obligaciones, entre semana, son hacer la compra (generalmente en el supermercado), limpiar la casa y estudiar (normalmente, los alumnos y estudiantes empiezan las clases entre las ocho y las nueve de la mañana).

Y para terminar, hablemos del tiempo libre. Una de las principales actividades es salir con los amigos, normalmente por la noche, estar con la familia, hacer deporte... Otras actividades que se realizan son leer la prensa, ver la televisión, escuchar la radio o música. Sólo un 15% de los españoles va al cine o al teatro. Actualmente, se está imponiendo una nueva actividad: navegar por Internet.

6. Escuche de nuevo. (p. 13)

EPISODIO 1

ENCUADRE GRAMATICAL

2. ¿Con qué profesión asocia usted cada una de estas frases? Escuche la grabación y compruebe. Luego complete el cuadro. (p. 21)
▶ Hola, buenos días. Estoy haciendo una encuesta sobre el trabajo. ¿Les puedo hacer unas preguntas?
♦ Bueno...
▶ Usted, ¿a qué se dedica?
♦ Soy enfermera. Es una profesión muy interesante, pero muy cansada también, porque empiezo muy pronto y salgo muy tarde. Por la mañana, ayudo a los médicos. A mediodía, como con mis compañeras. Y por la tarde cuido a los enfermos.
▶ ¿Y usted?
❧ Yo soy periodista. Me encanta mi trabajo: viajo mucho, conozco a mucha gente, voy a conciertos, visito países extranjeros, hago entrevistas a gente famosa... Sí, muy interesante.
▶ ¿Y usted, a qué se dedica?
• Soy camarero. Sirvo copas en una terraza. Y también elijo la música.

▶ Mm, mm...
• Y me gusta, sí... porque, bueno... veo a mucha gente joven.
▶ Hola, estoy haciendo una encuesta sobre el trabajo. ¿Puede contestar a unas preguntas? Son sólo dos o tres minutos.
• Bueno, pero deprisa, ¿eh? que no tengo mucho tiempo.
▶ ¿A qué se dedica?
• Soy secretaria.
▶ ¿Y qué hace?
• Pues... hablo con los clientes, organizo viajes, preparo las reuniones de los directores, escribo e-mails, redacto informes, recibo a los mensajeros, muchas cosas...
▶ ¿Puede contestar a unas preguntas?
✖ Sí, cómo no.
▶ ¿A qué se dedica?
✖ Soy electricista.
▶ ¿Y qué hace normalmente?
✖ Bueno, pues pongo enchufes, hago instalaciones de luz, arreglo lámparas...

6. Ahora, escuche la grabación. ¿A qué ilustración corresponde cada conversación? (p. 22)
a. • Ay, ¿pero qué te pasa?
♦ Nada, nada, que estoy enfadada. Estoy de mal humor.
• Vale, vale.
b. • ¡Qué nervioso estás!
♦ Es que estoy esperando los resultados del examen y...
• Tranquilo, tranquilo...
♦ A ver...! ¡He aprobado! ¡He aprobado! ¡Qué contento estoy! He aprobado el examen, he aprobado el examen, he aprobado el examen...
c. • ¿Qué hora es ya?
♦ Pues son... las cuatro y media.
• ¡Las cuatro y media! ¡Qué tarde!
d. • ¡Pero qué gordita!
♦ Sí, ¿verdad? Es que estoy embarazada.
• ¡No me digas!
♦ Pues sí, de cuatro meses.
e. • Oye, ¿cómo es el hermano de Valeria?
♦ Pues es alto, rubio, delgado...
• ¡Ah...! ¿Y es simpático?
♦ Sí, es muy simpático.
• Y es italiano, ¿verdad?
♦ ¡Qué va! Es español, de Granada.
• ¿Y está soltero?
♦ Pues no, está casado.
• ¡Vaya!
f. • ¿Dígame?
♦ María, soy Julia. ¿Qué tal?
• Hola...
g. • Estamos a 20 de abril, ¿no?
♦ No, no, hoy es 19 de abril, 19.
h. • Colegio Goya, dígame.
♦ Buenos días, soy la madre de Manuel Día. Hoy no va a ir al colegio, está enfermo.

8. Ahora, escuche la grabación y localice los errores. (p. 23)
• Merche, soy Fermín.
♦ Hola, mi amor.
• ¿Qué tal estás?
♦ Pues estoy un poco cansada.
• ¿Y qué estás haciendo?
♦ Pues nada, estoy descansando.
• ¿Y el niño?
♦ Está en su habitación, está jugando con el ordenador.
• Oye, esta mañana me he dejado las llaves, ¿están ahí?
♦ Sí, están sobre la mesa, al lado del teléfono.
• Por cierto, hoy es miércoles y tienes que llevar al niño al dentista. Bueno, hasta la noche.
♦ Adiós, cariño.

SE RUEDA

2. Son las siete de la tarde. Mamen y Paula llegan al hotel. Escuche la conversación y conteste a las preguntas. (p. 25)

- Para, Paula, para, ahí hay un hotel. A ver si tienen habitaciones libres, son ya las siete y estoy muy cansada.
- Mira, ¡qué suerte! Voy a aparcar justo delante.
- Entra tú a preguntar, yo te espero en el coche, que estoy muy cansada. Oye, pide una habitación con baño y tele... ¡Paula! Con baño, ¡eh! Uy... ¡Me voy a dar un bañito! ¡Qué bueno!
- ♪ Buenas tardes.
- ♦ Buenas tardes. ¿Tienen habitaciones libres?
- ♦ ¿Cómo la quiere?
- ♦ Pues doble, con baño y tele.
- ♪ ¿Para cuántas noches?
- ♦ Tres.
- ♪ A ver... Lo siento, con baño no hay. Sólo con ducha.
- ♦ ¡No hay con baño!
- ♪ No, lo siento.
- ♦ Bueno... pues con ducha... ¿Y cuánto es?
- ♪ 52 euros.
- ♦ Vale.

EPISODIO 2

ENCUADRE GRAMATICAL

5. Ahora, escuche la grabación y compruebe. (p. 33)
- ¡Hola, buenos días!
- E.: ¡Buenos días!
- ¿Qué tal? ¿Os gusta Madrid?
- I.: Nos encanta.
- E.: Ayer, por la mañana, visitamos el Museo del Prado.
- ¿Y qué tal?
- I.: Lindo, muy lindo, me gusta mucho. ¡¡Es muy muy grande!!
- E.: Y luego comimos en un pequeño restaurante del centro.
- I.: Sí, comimos la especialidad madrileña.
- El cocido.
- I.: ¡Exacto!
- E.: Está riquísimo.
- I.: Sí, delicioso. Y luego, paseamos por el Parque del Retiro.
- E.: Y luego vimos una película en tres dimensiones.
- I.: ¡Impresionante!
- E.: Sí, impresionante. Parece que las imágenes se salen de la pantalla.
- ¿Y luego qué hicisteis?
- E.: Pues cenar.
- I.: Sí, y después de cenar tomamos unas copas en una terraza.
- E.: Sí, muy agradable, por cierto. Y ahora nos vamos otra vez por ahí.
- I.: Sí, tengo ganas de visitar el Palacio Real.
- Bueno... pues que tengáis un buen día.
- I./E.: Gracias.

7. Escuche a Raquel, César, Natalia y Jesús y tome notas de lo que hizo cada uno el mes pasado. (p. 33)
- C.: Raquel, a ver... ¿Qué cosas superinteresantes hiciste el mes pasado?
- R.: Pues mira... el día cuatro fui al teatro con unos amigos. El día diez... El día diez vi a Pedro Almodóvar por la calle.
- C.: ¡¡A Pedro Almodóvar por la calle!!
- R.: Pues sí...
- C.: ¿Y hablaste con él?
- R.: No, lo vi, sólo lo vi. Y tú, César, ¿qué hiciste?
- C.: Pues yo me compré una moto.
- J.: ¡Me encantan las motos!
- C.: Y también... hice *puenting*.
- N.: ¿Puenting? ¡Qué miedo!
- R.: ¿Y tú, Natalia?
- N.: Pues yo hice un viaje.
- R.: ¿Adónde?
- N.: ¡Adivina!
- R.: ¿A Italia?
- N.: No.
- R.: ¿A Estados Unidos?
- N.: Tampoco.
- C.: ¿A China?

- N.: No, ¡a Japón!
- R.: A Japón, ¡qué suerte!
- C.: ¿Y tú, Jesús?
- J.: Pues yo, una cosa muy, muy bonita. Pero no la hice yo, la hizo mi mujer.
- R.: ¿Ah, sí...?
- J.: Tuvo una niña.
- Todos: ¡Enhorabuena! ¿Y cómo se llama?
- J.: Alicia. Aquí tengo una foto.
- Chicas: A ver... a ver...

9. Escuche los diálogos y observe el plano. (p. 34)
- Por favor, ¿dónde está la Catedral?
- ♦ ¿La Catedral? Pues está en la avenida de Portugal.
- Gracias.
___
- Oiga, ¿hay un hotel por aquí?
- ♦ A ver... hmm... Sí, hay uno en la calle Quintana, enfrente de la estación.
___
- Perdone... ¿cuántas paradas de autobús hay en la Plaza Colón?
- ♦ Pues, una... dos... Hay dos paradas, sí, dos.
- Gracias.
___
- ¿Hay una academia de idiomas en este barrio?
- ♦ No, no hay ninguna.
___
- ¿Dónde están los cines, por favor?
- ♦ Están en el Paseo de México.
- ¡Que no! Los cines están en la Plaza Colón.
___
- Perdona, ¿hay cabinas telefónicas en la calle Quintana?
- ♦ Sí, sí, hay muchas.
___
- ¿Hay un mercado por aquí?
- ♦ No, no hay ninguno.

13. Escuche. ¿De qué o de quién están hablando? (p. 35)
1. Es un director de cine español que ganó un Óscar en el 2000.
2. Es un aparato que sirve para escribir.
3. Es un país hispanohablante que está en América del Norte.
4. Es un plato español que lleva arroz, verduras y mariscos.
5. Es un monumento que está en París y que mide más de 300 metros.
6. Son unas islas españolas que están en el mar Mediterráneo.

EPISODIO 3

ENCUADRE GRAMATICAL

2. Escuche, siga las indicaciones en el plano e indique dónde está Mercedes. (p. 45)
- Mercedes: ¿Ricardo? Soy Mercedes. Ya estoy en... ¿Puedes venir a recogerme?
- Ricardo: ¿Ya has llegado? ¡Fenomenal! Mira, estoy con Ignacio. Ahora mismo salimos. Oye Ignacio, ¿tú sabes ir a...?
- Ignacio: Pues no, la verdad. ¿No tienes un plano?
- Ricardo: Sí, aquí tengo uno. Conduces tú, ¿vale? A ver... Toma la calle Palma y gira la primera a la derecha. Ahora, gira otra vez a la derecha.
- Ignacio: No puedo, es dirección prohibida.
- Ricardo: Pues la segunda. Ahora, sigue recto hasta la Avenida de América, allí tuerce a la derecha, y luego la primera a la izquierda.
- Ignacio: Mira, ... está al final de la calle.
- Ricardo: Sí, ya veo a Mercedes.
- Ignacio: ¿Pero qué pasa?
- Ricardo: ¡Que te has saltado un semáforo en rojo!
- Policía: La documentación del coche, por favor.

7. En grupos de tres. Cristina y Hernando no van a estar en casa este fin de semana; su hijo Julio, de 15 años, se va a quedar solo. ¿Qué consejos y recomendaciones creen ustedes que le dan antes de irse? Escriban al menos

seis. Luego escuchen la grabación, ¿cuántos han acertado? (p. 46)
- C.: Bueno, hijo, nos vamos.
- J.: Adiós, adiós... Por fin solo...
- C.: Y ya sabes, ¿eh? No salgas por la noche y no pongas la tele muy alto.
- J.: Vale, mamá...
- H.: Y no juegues con el ordenador, que no es un juguete.
- J.: Que no, papá, que no... ¿Se van o no se van?
- C.: Y come, ¿eh? No comas sólo hamburguesas, hay comida en la nevera. Y no bebas mucha Campa-Cola, que te conozco. No te olvides de dar de comer al perro, y riega las plantas, limpia la casa por lo menos una vez, y cierra todas las ventanas por la noche antes de acostarte.
- J.: Sí, mamá, sí... ¿Pero cuándo se van a ir?
- H.: Y no rompas nada; no hagas fiestas.
- J.: Vale, vale...
- C.: Adiós, hijo, adiós...
- H.: ¡Y no fumes!
- J.: Que no... Adiós, adiós...
- C.: Adiós, hijo, adiós...
- J.: ¡Ya se han ido, ya se han ido! ¡Por fin solo! Voy a llamar a mis amigos...

SE RUEDA

1. El sábado es el cumpleaños de Marcos. Ha invitado a unos cuantos amigos y a José, un compañero de trabajo. Este llama por teléfono para saber cómo ir a su casa. Contesta su hermana. Escuche la conversación y trace el camino en el plano. (p. 48)
- Marta: Sí, ¿dígame?
- José: ¿Marta? Hola, soy José.
- Marta: ¡José! ¿Qué tal?
- José: Mira, te llamo porque el sábado me ha invitado tu hermano a tu casa, pero es que no sé cómo ir.
- Marta: A ver... ¿Tú dónde vives?
- José: En la calle Herreros.
- Marta: ¿Herreros?
- José: Sí, detrás del Banco Central.
- Marta: Ya... ya caigo. Pues es facilísimo y está muy cerca. Mira... toma la calle Herreros todo recto hasta la Plaza de Castilla y gira la primera... no... la segunda, y sigue a la derecha y luego la primera a la izquierda, y sigue hasta la Plaza Mayor. Y en la Plaza Mayor, pues la primera a la derecha. Estamos en el número 29.
- José: A ver... Todo recto hasta la Plaza de Castilla, luego la segunda a la derecha, la primera a la izquierda y después de la Plaza Mayor la primera a la derecha.
- Marta: ¡Exacto!
- José: Bueno, pues hasta el sábado.
- Marta: Adiós, hasta el sábado.

2. Aquí tiene expresiones de significado equivalente. Escuche de nuevo la conversación. Luego marque (✔) las frases mencionadas. (p. 48)

EPISODIO 4

ENCUADRE GRAMATICAL

3. Escuche y compruebe. (p. 56)
- Dependienta: Hola, ¿qué desea?
- Mujer: Quería ver esta camisa blanca.
- Dependienta: ¿Algo más?
- Mujer: Sí, ¿me enseña ese jersey verde, por favor?
- Mujer: Y aquel sombrero, ¿cuánto cuesta?
- Dependienta: ¿Aquel? 21 euros.
___
- Hombre: Estos guantes son muy bonitos, ¿cuánto cuestan?
- Dependiente: 20 euros. Es que son de piel.
- Hombre: ¿Y aquellos?

7. Escuche la conversación y diga si las siguientes afirmaciones son verdaderas o falsas. (p. 57)
- Buenos días, ¿le puedo ayudar?

TRANSCRIPCIONES

♦ Sí... el sábado es el cumpleaños de mi mujer y quería comprarle algo, pero no sé qué.
• Vamos a ver... Mire, tenemos este bolso negro de piel, es precioso.
♦ Sí, es muy bonito. ¿Cuánto vale?
• 76 euros.
♦ ¡Uf! Es un poco caro. ¿No tiene otro más barato?
• A ver... sí, este, de piel también, pero más pequeño. 56 euros.
♦ Es que a mi mujer no le gusta el verde. ¿No tiene otra cosa?
• Estos guantes azules, 32.
♦ Son un poco caros. ¿Y aquellos negros?
• 44. Son muy elegantes también.
♦ Ya, pero... No sé... ¿Cuánto cuesta esa cartera roja?
• 18 euros. Es muy elegante.
♦ ¿Y la marrón?
• 32 euros. Es más clásica que la roja.
♦ Sí, no sé... ¿Y ese...? Mire... déjelo... Volveré mañana.

11. Escuche los diálogos en una tienda de ropa. ¿De qué están hablando en cada uno de ellos? Escriba el número que corresponde. (58)
1. • ¿Qué te parece?
   ♦ No me gusta nada. Es demasiado larga.
2. • ¡Me encanta, de verdad, me encanta! Es realmente precioso. ¿Y a ti qué te parece?
   ♦ Bueno, no sé... Me parece un poco corto. Además, el verde no me gusta mucho, pero bueno... no está mal.
3. • ¡Mira! ¡Qué lindas! ¡Me gustan muchísimo!
   ♦ ¿En serio? A mí me parecen muy anchas, no me gustan nada.
4. • ¡Uy, qué feo!, ¿no? No me gusta.
   ♦ Pues a mí me parece bastante elegante; es un poco estrecho, pero... sí... me parece bonito.

14. Escuche y complete las frases. Anote las formas en las columnas correspondientes. (p. 59)
1. ♦ ¡Qué bonito es este reloj! ¿Me lo compras?
   • No sé... a mí no me gusta mucho.
   ♦ Venga, por favor...
2. ♦ ¿Me pongo la chaqueta para salir?
   • No, ... que hace mucho calor.
3. ♦ Si quieres, te enseño los zapatos azules del escaparate.
   • Sí, por favor, ...
4. ♦ ¡Me encantan estos zapatos azules! ¿Me los puedo probar?
   • ¡Por supuesto! Toma, ...
5. ♦ ¿Te lo envuelvo?
   • No, ..., es para mí.

15. Escuche de nuevo y compruebe. Luego, complete el cuadro con las formas que faltan. (p. 59)
1. ♦ ¡Qué bonito es este reloj! ¿Me lo compras?
   • No sé... a mí no me gusta mucho.
   ♦ Venga, por favor, cómpramelo.
2. ♦ ¿Me pongo la chaqueta para salir?
   • No, no te la pongas, que hace mucho calor.
3. ♦ Si quieres, te enseño los zapatos azules del escaparate.
   • Sí, por favor, enséñamelos.
4. ♦ ¡Me encantan estos zapatos azules! ¿Me los puedo probar?
   • ¡Por supuesto! Toma, pruébatelos.
5. ♦ ¿Te lo envuelvo?
   • No, no me lo envuelvas, es para mí.

SE RUEDA

3. Ahora, escuche las conversaciones y relacione cada situación con una ilustración. (p. 60)
1. Belén: Mira... ¿Qué te parece?
   Silvio: ¡Qué feo!
   Belén: Pues a mí me gusta mucho.
   Silvio: Pues te queda muy largo.
   Belén: ¿Tú crees?

Silvio: Sí, no te lo compres, que te queda fatal, en serio. Además, el blanco no te queda muy bien.
2. Belén: ¿Qué te parece?
   Silvio: ¡Te queda fatal! No me gusta nada. Es muy corta, demasiado corta.
   Belén: Pues a mí me encanta.
3. Silvio: A ver... sal del probador...
   Belén: ¿Qué te parece?
   Silvio: ¡Uau...! ¡Estás fantástica!
   Belén: ¿De veras?
   Silvio: Te queda ¡fe-no-me-nal! ¡Estás... guapísima!
   Belén: ¿Sí? Pues... ¡regálamelo!
4. Belén: ¿Te gustan?
   Silvio: Sí, me gustan mucho, pero me parece que te quedan un poco estrechos y cortos, ¿no?
   Belén: ¿Estrechos? ¡Qué va! Se llevan así...
   Silvio: Bueno, si te gustan... cómpratelos...

EPISODIO 5

ENCUADRE GRAMATICAL

3. Escuche y marque qué le duele a cada persona. (p. 68)
Profesora: Bueno, empezamos. Uno, dos, tres, cuatro y cinco... Silvia, los brazos, arriba... Los brazos.
Silvia: No puedo, me duelen mucho.
Profesora: Natalia, el cuello, bien recto. Venga, uno, dos, tres, cuatro y cinco. Natalia, ¿qué te pasa?
Natalia: No puedo más, me duele la cabeza; tengo dolor de espalda... Es que estoy un poco resfriada. Creo que tengo fiebre.
Profesora: Bueno, pues si te duele la cabeza vete a casa. Venga: uno, dos, tres, cuatro. Bueno, paramos un poco. Antonia, ¿y a ti qué te pasa?
Antonia: Estoy cansada. Tengo dolor de piernas y también me duelen los pies.
Profesora: Te duelen porque es la primera vez, ya verás como mañana ya no te duelen. Y tú, Carlos, ¿qué tal esta primera lección?
Carlos: Yo estoy molido, me duele todo, la espalda, las piernas, los brazos, los pies, la cabeza: todo.
Profesora: Bueno, ya se te pasará... Venga, que ya ha terminado la pausa; continuamos: uno, dos, tres, cuatro y cinco...

5. Escuche y localice cada situación. Luego, transforme las frases como en el modelo. (p. 69)
1. • Mira... ¡Es precioso! Me encanta.
   ♦ A mí también, pero, ¡qué caro!
2. • ¿Qué tal me queda?
   ♦ ¡Qué largo! ¿No?
3. • ¡Qué hambre tengo! ¡Qué salada!
4. • ¡Qué simpática es la nueva secretaria!
   ♦ Sí, y muy eficaz también.

6. En grupos de tres. Escuchen. ¿De qué o de quién piensan que están hablando? Luego, comparen sus respuestas con las de otro grupo. (p. 69)
1. • ¡Me ha parecido divertidísima!
2. • ¿Qué tal?
   ♦ ¡Pues, está... riquísimo! Mmm... ¡Qué rico! ¡Qué rico!
3. • Bueno... Por fin terminó...
   ♦ Sí, ha sido larguísima.
   • Sí, larguísima y aburridísima.
   ♦ ¡Aaah! Pues a mí me ha parecido muy interesante.
4. • Es... Pero es... ¡Guapísimo! ¡Guapísimo, la verdad!
   ♦ Sí, chica, guapísimo... pero está "casadísimo" también.
   • ¡Vaya!
5. • ¿Te gusta?
   ♦ Me parece demasiado corta, cortísima.
   • ¡Qué va! Se llevan así.

7. Vuelva a escuchar la grabación y complete el cuadro. (p. 69)

9. Escuche e indique con qué ilustración se corresponden los consejos o recomendaciones. (p. 70)
a. • ¿Por qué no se toma una infusión antes de acostarse?
   • Debe acostarse todos los días a la misma hora.
   • No coma mucho antes de acostarse.
b. • Trabaje menos, que se va a poner enfermo.
   • No debe trabajar por la noche.
   • Tiene que dedicar más tiempo a su familia.
c. • ¡No fumes tanto!
   • ¿Y por qué no vas a un acupuntor? Dicen que quita la tos.
   • Tienes que fumar menos.
d. • Debes comer verduras, no pasteles.
   • ¿Por qué no empiezas una dieta?
   • Haz ejercicio físico.

14. La señora Nieto llama a su hijo. Como no está en casa, le deja un mensaje en el contestador con algunos consejos. Escuchen y comprueben las respuestas de la actividad anterior. (p. 71)

Hola. En estos momentos no estoy en casa. Si quieres, deja un mensaje después de la señal. Te llamaré después. Gracias.

José, soy mamá. ¿Dónde estás? Hijo, ahora que vives solo, seguro que te pasas el día comiendo hamburguesas con patatas fritas; pues son malísimas, tienen demasiada grasa. Por la mañana, toma cereales, que tienen mucha fibra, y zumo de naranja, que tiene mucha vitamina C. Come mucho pescado, que tiene muchas proteínas. No tomes refrescos, que tienen demasiado azúcar, ni café, que tiene mucha cafeína. Come verduras, que tienen mucha fibra y muchos minerales, y frutas, que tienen muchas vitaminas. Oye, mañana es domingo, ven a casa a comer. Adiós, hijo.

EPISODIO 6

ENCUADRE GRAMATICAL

6. ¿Podrían añadir más información? Escuchen la grabación y comparen. (p. 81)
• Se llamaba Norma Jean. Era una actriz americana muy famosa. Era rubia y muy guapa. En sus películas, interpretaba el papel de rubia tonta. También cantaba.
• Este genial pintor español tenía un bigote muy particular. Le gustaba vivir en Gerona.
• En los años setenta era en blanco y negro; ahora es en color y existe por satélite, cable y hasta por Internet.
• Era inglés. En sus películas siempre llevaba bigote, un sombrero negro, un traje negro y un bastón. También era director de cine.
• Este director de cine gordo y calvo siempre aparecía en sus películas. Dirigía películas de suspense. Su actriz preferida era Grace Kelly.

7. Escuche y observe las ilustraciones. (p. 82)
El otro día, Isabel y Emilio decidieron ir al Museo del Prado. Pero era lunes y el museo estaba cerrado. Entonces, tomaron un taxi para ir al teatro. Había un atasco tremendo, llegaron demasiado tarde y no había entradas. Hacía mucho calor. Isabel estaba un poco cansada. Al lado del teatro había un cine. Entraron. La película era aburridísima y se fueron. Eran las siete de la tarde. Entraron en un bar para tomar una copa. Había mucha gente y mucho ruido. Se sentaron al lado de otra pareja, y ¡qué casualidad!, el hombre era mexicano, como Emilio. Emilio les invitó a tomar una copa. Eran muy simpáticos. A las nueve y media los cuatro se fueron a cenar a un restaurante.

8. Escuche de nuevo y complete los textos con los verbos que faltan. (p. 82)

11. En parejas: van a contar lo que hizo Sonia el domingo pasado. Sigan estos pasos:

a) Escuchen la grabación. (p. 83)

Patricia: ¡Hola Sonia! Soy Patricia. Mira, te llamo porque esta tarde voy a ir al Parque de Atracciones con Víctor y Raúl. ¿Quieres venir con nosotros?
Sonia: ¡Fenomenal! ¿Cómo quedamos?
Patricia: Pues delante del Parque a las dos, ¿vale?
Sonia: Vale, hasta luego.

Víctor: Son ya las dos y cuarto, ¿qué está haciendo Sonia?
Patricia: Mira, ahí viene.
Sonia: Lo siento, lo siento, sé que llego tarde pero es que...
Raúl: No importa... No importa... Vamos a sacar las entradas.

Patricia: ¡¡La montaña rusa!! ¡Me encanta! ¿Nos montamos?
Víctor: Vale, ¡genial!
Patricia: Vamos.
Víctor: ¡Venga!

Sonia: ¡¡Nooooo!! ¡¡¡Aaaaaaah!!!
Víctor: ¡Es genial!
Raúl: ¡¡Qué bueno!!

Patricia: Ahora... una película en 3D.
Todos: ¡Vale!
Raúl: ¡Genial!
Víctor: Y después, volvemos a la montaña rusa.
Sonia: ¡Ah, no, no, no! Si queréis, vosotros os montáis, pero yo no, no, no...
Patricia: Y luego vamos a tomar un refresco y unos bocadillos.
Todos: De acuerdo.

SE RUEDA

4. Ahora, escuche la grabación y conteste a estas preguntas. (p. 85)

Mujer: ¡Manuel!
Manuel: Sí, ya voy, ya voy...
Mujer: ¡Manuel! ¿Puedes ir al súper? Necesito un par de cosas para la fiesta de cumpleaños de mañana.
Manuel: ¿Ahora?
Mujer: Sí, ahora.
Manuel: Es que estoy viendo el partido y...
Mujer: No puedo esperar...
Manuel: Bueno... ¿Qué necesitas?
Mujer: Una botella de aceite de oliva y una barra de pan.
Niño: Y caramelos.
Mujer: Caramelos, ¡no! ¿Hay mantequilla?
Manuel: Sí.
Mujer: Pues mantequilla no, entonces. Trae un paquete de café... un paquete de harina... una docena de huevos, es para el pastel de cumpleaños de la niña.
Niño: Y galletas.
Mujer: No, galletas, ¡no! Ah, y compra también zumo de naranja, tres litros...
Manuel: Y cerveza para ver el partido en la tele con los amigos el domingo.
Mujer: Bueno, pero sin alcohol, ¡eh!
Manuel: Así que quieres café, harina, huevos y zumo de naranja. Bueno, hasta luego.
Mujer: Manuel, se me olvidaba... compra pescado.
Niño: Y chicles.
Mujer: Bueno, pero sin azúcar.

EPISODIO 7

ENCUADRE GRAMATICAL

5. Ahora, escuchen a dos españoles contestar a las preguntas y anoten las respuestas. ¿Qué les parecen? (p. 93)

➤ Vamos a ver... ¿Qué esperáis de un empleo?
• Yo, que esté bien pagado, y que sea seguro, es importantísimo.
♦ Pues yo, espero de un empleo que no sea demasiado rutinario, que sea variado, vaya. Ah... y que sea creativo, también.
➤ ¿Y de los amigos?
• Pues... espero que sean divertidos y que les gusten las mismas cosas que a mí.
♦ Yo también espero lo mismo.
➤ ¿Y de vuestros compañeros de trabajo?
• ¿De los compañeros de trabajo? Pues... que sean simpáticos y serios.

♦ Y yo espero de mis compañeros de trabajo que sean responsables. Y que trabajen bien.
➤ La última: ¡los políticos!
• Bueno... ¿de los políticos? Pues... muchísimas, muchísimas cosas: que cumplan sus promesas.
♦ Que solucionen el problema del paro y de la contaminación...
• Y que bajen los precios de la gasolina, y que...
➤ Gracias... gracias.

6. Escuche y escriba las frases. Luego imagine quiénes hablan. (p. 94)
1. Queremos que nos llames nada más llegar.
2. Quiero que me lo compres.
3. Quiero que escriba las cartas para mañana.
4. No quiero que se lo diga a nadie.
5. Quiero que me llames por teléfono todos los días.

11. Escuche la conversación y ordene las ilustraciones. (p. 95)
• ¡Qué raro! Son las nueve, ¿pero qué hace? Siempre llega a las nueve.
♦ Tranquilos, tranquilos... que va a llegar...
➤ Estará en un atasco; hoy el tráfico está imposible.
✘ O a lo mejor está en la oficina.
➤ ¿En la oficina, a las nueve? ¡Imposible! Siempre sale a las siete.
✘ Sí... pero quizás ha tenido mucho trabajo y...
• Tal vez esté en casa de sus padres.
➤ O tal vez tenga un problema con el coche; últimamente funcionaba muy mal y...
♦ No os preocupéis, estará aparcando el coche.
• Sí... mirad, ahí está... Isabel, apaga la luz, deprisa... deprisa.
▶ ¡Cuánto trabajo! Y luego el coche, y luego el atasco, y luego mis padres... ¡Qué cansado estoy! ¡Qué ganas tengo de acostarme!
Todos: ¡Sorpresa! ¡Cumpleaños feliz, cumpleaños feliz...!

13. Vuelva a escuchar la cinta y complete las frases del recuadro con los verbos que faltan. (p. 95)

15. Ahora escuchen la grabación y comprueben sus respuestas. (p. 95)
1. • Academia Hablobién.
♦ Buenos días, soy Gretel Pontes. Soy una estudiante de Raúl Montero. ¿Puede decirle que hoy voy a llegar tarde, por favor? Es que he perdido las llaves del coche y luego he perdido el autobús.
• Sí... No se preocupe. Ahora mismo se lo digo.
2. • Philip, mira qué pasa?, te veo muy contento...
♦ Es que soy papá, soy papá!
• ¡Hombre! ¡Felicidades! ¿Y cómo se llama?
♦ Daniel y Marc. ¡Son mellizos!
3. • Mira... El profe ha traído dos botellas de cava.
♦ A lo mejor también él ha tenido un hijo.
• No, creo que está soltero.
♦ Oye, tal vez le hayan subido el sueldo.
• ¿Tú crees?
➤ ¡Hola! Seguro que os preguntáis por qué he traído estas botellas de cava. ¡Pues hoy es mi cumpleaños!
4. • Marco, ¿qué te pasa?
♦ Nada, nada...
• ¿Tienes problemas?
♦ No, no, qué va...
• ¿Estás enfermo?
♦ No, no... Estoy muy bien.
• ¿Entonces qué te pasa? Pareces muy cansado.
♦ Pues nada, es que últimamente tengo muchísimo trabajo en la oficina, y eso, salgo muy tarde, me acuesto muy tarde, duermo poco...
• ¡Vaya!

EPISODIO 8

ENCUADRE GRAMATICAL

1. Escuche y observe. (p. 104)

Isabel: Emilio, ha llegado la paella.
Emilio: ¿Cómo? No te oigo.
Isabel: Que ha llegado la paella.
Emilio: ¡Ah...!
Isabel: Tengo hambre.

Emilio: Perdona, te oigo fatal.
Isabel: Que tengo hambre.
Emilio: Y yo.
Isabel: ¿Has terminado ya?
Emilio: ¿Cómo dices?
Isabel: Que si has terminado ya.
Emilio: Cinco minutitos.
Isabel: ¿Sirvo la paella?
Emilio: Habla un poco más alto.
Isabel: Que si sirvo la paella.
Emilio: Sí, sí, que ya voy.
Isabel: ¿Dónde comemos?
Emilio: ¿Cómo?
Isabel: Que dónde comemos.
Emilio: ¿Que dónde comemos? Pues en la terraza.
Isabel: Bueno, pues empiezo a servir. ¿Cuánta paella querés vos?
Emilio: ¿Cómo dices?
Isabel: Que cuánta paella querés vos. Date prisa, que se enfría. Bueno, pues yo voy a empezar. Mm... ¡Qué rica!

4. Carlos y María están en un pub tomándose algo. Como la música está muy alta, casi no se oyen. Escuche y complete la conversación con las frases que faltan. Luego, escuche y compruebe. (p. 105)
1. Carlos: Entra tú primero.
María: ¿Cómo?
Carlos: Que entres tú primero.
2. María: Cierra la puerta, que hace frío.
Carlos: ¿Perdona?
María: Que cierres la puerta.
3. Carlos: Dame tu chaqueta.
María: ¿Cómo?
Carlos: Que me des tu chaqueta.
María: Toma. Ponla en ese perchero.
Carlos: ¿Que quieres un mechero? Pero si tú no fumas.
María: No, que la pongas en ese perchero.
4. María: Llama al camarero.
Carlos: ¿Qué has dicho?
María: Que llames al camarero.
Carlos: ¡¡Camarero!!
Camarero: Buenas noches, ¿qué desean?
María: Póngame una cerveza.
Camarero: ¿Cómo?
María: Que me ponga una cerveza.
Carlos: Y para mí, una tónica.
Camarero: ¡Cerveza y tónica, andando!
5. María: Carlos, pide unas tapas, que tengo hambre.
Carlos: ¿Eh? ¿Que quieres fiambre?
María: No, que pidas unas tapas.

9. Escuche y relacione cada frase con una ilustración. Luego, escríbalas e indique qué acción se desarrolló primero en cada una. (p. 106)
1. El sábado, cuando llegamos al teatro, la función ya había empezado.
2. Cuando llegué a casa de mis padres, ya habían cenado.
3. El otro día, vi a José y me dijo que se había casado.
4. Cuando cerré la puerta me di cuenta de que me había dejado las llaves dentro.

11. Escuche cómo reaccionan estas personas ante unas noticias y escriba las frases en los bocadillos correspondientes. (p. 107)
1. • Arturo ya ha encontrado trabajo.
♦ Uf... ¡Menos mal! Porque últimamente estaba muy deprimido.
2. • Me han concedido la beca para estudiar en Estados Unidos.
♦ ¡Qué bien! ¡Qué alegría!
• Sí, así que mañana haré una fiesta, beberemos champán...
♦ ¡Pues fenomenal! ¿A qué hora?
3. • Mira lo que pone en el periódico: este fin de semana todos los cines son gratuitos.
♦ ¡Venga ya!
4. • ¿Qué tal te lo estás pasando? ¿Te gusta la fiesta?
♦ ¿Que si me gusta? Qué rollo. Es un verdadero rollo, aburridísima.
5. • ¿Sabes que me ha pasado? He perdido tu cámara de fotos.
♦ ¿La nueva?
• Sí, lo siento.
♦ Bueno, pues... ¡qué se le va a hacer!
6. • ¿Sabías que Juan y Laura han tenido trillizos?
♦ ¿Trillizos? ¡No me digas!

LOS COMPARATIVOS

Inferioridad	→	*La falda es* menos *estrecha* que *la chaqueta.*
Igualdad	→	*El vestido azul es* tan *bonito* como *el verde.*
Superioridad	→	*Los pantalones negros son* más *caros* que *los azules.*

EL SUPERLATIVO

Adjetivo terminado en	Superlativo	
Consonante	+ -ísimo/a	*fácil/facil*ísimo, *facil*ísima
Vocal	vocal + -ísimo/a →	*alto/alt*ísimo, *grande/grand*ísima

| ¡Ojo! | -co, -ca | -c > -qu | *rico/riqu*ísimo, *rica/riqu*ísima |
| | -go, -ga | -g > -gu → | *largo/largu*ísimo, *larga/largu*ísima |

¡QUÉ + ADJETIVO!   Esta estructura se usa para:

- Valorar personas o cosas.
  ¡Qué interesante!
  ¡Qué feo!
- Mostrar sorpresa.
  ¡Qué grande!
- Expresar con intensidad estados físicos y anímicos.
  ¡Qué cansada estoy!

LOS DEMOSTRATIVOS

	Masculino		Femenino	
Situación en el espacio	**Singular**	**Plural**	**Singular**	**Plural**
cerca (aquí)	este	estos	esta	estas
un poco más lejos (ahí)	ese	esos	esa	esas
lejos (allí)	aquel	aquellos	aquella	aquellas

Los adjetivos y los pronombres demostrativos tienen la misma forma.

- Los adjetivos van delante del nombre y concuerdan en género y número con el nombre al que determinan.

  Me encanta este *vestido azul.*   *¿Me enseña* esos *guantes negros?*

- Los pronombres tienen la forma y el género del nombre al que se refieren.
  - ◆ *Me gusta esta falda.*
    - ■ *Pues yo prefiero* aquella. *(= aquella falda)*
  - ◆ *Este modelo es muy bonito.*
    - ■ *Sí, y* ese *(= ese modelo) también.*

EXPRESAR CANTIDAD

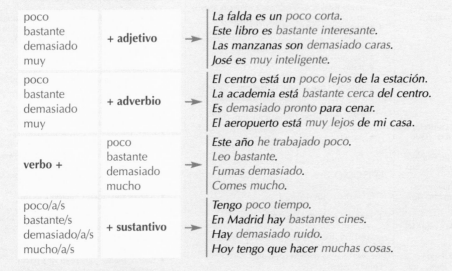

poco bastante demasiado muy	**+ adjetivo** →	*La falda es un* poco *corta.* *Este libro es* bastante *interesante.* *Las manzanas son* demasiado *caras.* *José es* muy *inteligente.*
poco bastante demasiado muy	**+ adverbio** →	*El centro está un* poco *lejos de la estación.* *La academia está* bastante *cerca del centro.* *Es* demasiado *pronto para cenar.* *El aeropuerto está* muy *lejos de mi casa.*
verbo +	poco bastante demasiado mucho →	*Este año he trabajado* poco. *Leo* bastante. *Fumas* demasiado. *Comes* mucho.
poco/a/s bastante/s demasiado/a/s mucho/a/s	**+ sustantivo** →	*Tengo* poco *tiempo.* *En Madrid hay* bastantes *cines.* *Hay* demasiado *ruido.* *Hoy tengo que hacer* muchas *cosas.*

LOS PRONOMBRES PERSONALES COMPLEMENTO

FORMAS
- Objeto directo: me, te, lo/(le)*, la, nos, os, los, las.
- Objeto indirecto: me, te, le, nos, os, les.

* El uso de *le/les* en lugar de *los/las* se denomina leísmo. Está admitido cuando se refiere a un nombre masculino de persona en singular.

POSICIÓN

- Normalmente, van delante del verbo.

  Escribo una postal. > *La escribo.*
  La dependienta enseña un vestido a la clienta. > *Le enseña un vestido.*

- En imperativo afirmativo, van después del verbo formando una sola palabra.

  Compra la chaqueta. > *Cómprala.*
  ¿Me compras un libro? > *Cómprame un libro.*

- Cuando acompañan a un verbo conjugado + infinitivo, pueden ir delante del verbo conjugado o después del infinitivo formando una sola palabra.

  ¿Puedo abrir la ventana? > *¿La puedo abrir? = ¿Puedo abrirla?*

- Con *estar* + gerundio, pueden ir delante de *estar* o después del gerundio, formando una sola palabra.

  Estoy leyendo una carta. > *La estoy leyendo. = Estoy leyéndola.*

ORDEN

- Primero el indirecto y luego el directo.

  Te pones el jersey. > *Te lo pones.*
  ¿Me compras un CD? > *Cómpramelo.*

¡Ojo! → *Le/Les* se convierten en *se* cuando van seguidos de *lo, la, los* o *las.*

le/les +	lo la los las	=	se lo se la se los se las

Le compro el libro. → *Se lo compro.*
Le mando la postal. → *Se la mando.*
Les doy los libros. → *Se los doy.*
Les enseño las fotos. → *Se las enseño.*

EL RELATIVO "QUE"

Voy al supermercado.
El supermercado está en la calle Sol. > *Voy al supermercado que está en la calle Sol.*

DAR CONSEJOS/RECOMENDACIONES

- De forma personal.

  ◆ *Me duele la garganta.*

(No) Tener que (No) Deber Imperativo ¿Por qué no + presente?	+ infinitivo

  - *Tienes que tomarte un jarabe.*
  - *Debes tomarte un jarabe.*
  - *Tómate un jarabe.*
  - *¿Por qué no te tomas un jarabe?*

- De forma impersonal.

  Para estar en forma...

(No) Hay que (No) Conviene Conviene no (No) Se debe (No) Hay que	+ infinitivo

  No hay que fumar.
  Conviene hacer deporte.
  Conviene no tomar mucha grasa.
  Se debe hacer gimnasia.
  Hay que dormir ocho horas diarias.

PARECER

- Nombre en singular + [me, te, le, nos, os, les] + parece + adjetivo.   *Este libro me parece interesante.*

- Nombre en plural + [me, te, le, nos, os, les] + parecen + adjetivo.   *Los pantalones me parecen largos.*

DOLER

(A mí)	me		
(A ti/vos)	te		
(A él/ella/usted)	le	+	duele + nombre en singular. *Me duele la cabeza.*
(A nosotros/as)	nos		
(A vosotros/as)	os		duelen + nombre en plural. *Te duelen las muelas.*
(A ellos/ellas/ustedes)	les		

SER/ESTAR

SER
- Identificación.
  - ♦ *¿Quién es?*
  - ■ *Es Emilio.*
- Nacionalidad y origen.
  Soy española.
  Eres de Bogotá.
- Profesión.
  Mi marido es fotógrafo.
  Pero: *Está jubilado.*
- Pertenencia.
  - ♦ *¿De quién es este bolso?*
  - ■ *Es de Patricia.*
- Materia.
  El vestido es de lana.
  Los zapatos son de piel.
- Cualidades/características permanentes.
  Arturo es alto. Es moreno.
  Es delgado.
- Hora.
  - ♦ *¿Qué hora es?*
  - ■ *Son las tres y media.*
- Precio.
  - ♦ *¿Cuánto es todo?*
  - ■ *Son 4.000 pesetas.*
- Expresiones:
  Es verdad/cierto.

ESTAR
- Localización en el espacio.
  El Museo del Prado está en Madrid.
- Estados físicos y anímicos.
  Estoy muy cansado.
  ¿Por qué estás triste?
- Estar + gerundio.
  Estoy leyendo un libro muy interesante.
- Expresiones:
  ¿Qué tal estás?
  Estoy de acuerdo.
  Está bien/mal.

CONTRASTE SER/ESTAR
- La fecha puede expresarse…
  Con ser: *Hoy es lunes siete de enero.*
  Con estar + a: *Hoy estamos a lunes siete de enero.*
- Algunos adjetivos cambian de sentido según se usen con *ser* o con *estar*.

La grasa es mala para la salud.	=	*Es perjudicial.*
Estoy malo.	=	*Estoy enfermo.*
El calcio es bueno para los huesos.	=	*Es beneficioso.*
Este pastel está muy bueno.	=	*Delicioso.*
Este trabajo es muy cansado.	=	*Que cansa.*
¡Qué cansada estoy!	=	*Estado físico.*
Jaime es rico.	=	*Tiene mucho dinero.*
Esta tarta está muy rica.	=	*Deliciosa.*

CONTRASTE HAY/ESTÁ(N)

HAY

Hay se usa para expresar la existencia de personas o cosas.

♦ ¿Hay +	un/algún	museo?	■ *Sí, hay*	uno/un museo.
				una.
	una/alguna	cafetería?	■ *No, no hay*	ninguno/ningún museo.
				ninguna.

♦ Hay +	(dos, muchos, algunos, pocos)	libros.
	(dos, muchas, algunas, pocas)	revistas.

ESTÁ(N)   Está(n) se usa para localizar personas o cosas.

- El/La + nombre singular + está + localización.   *El libro está en la estantería.*
- Los/Las + nombre en plural + están + localización.   *Los cines están en el centro.*

REPETIR FRASES

¿Cómo dices?

	Frase		Que + frase
Repetir una información:	*Son las cinco.*	→	*Que son las cinco.*
Repetir una pregunta:	*¿Cómo te llamas?*	→	*Que cómo te llamas.*

Frase en imperativo afirmativo	Que + frase en presente de subjuntivo	Frase en imperativo negativo	Que no + frase en presente de subjuntivo
Haz el ejercicio.	*Que hagas el ejercicio.*	*No abras la ventana.*	*Que no abras la ventana.*

REPRODUCIR LAS PALABRAS DE OTRA PERSONA

Ha dicho que...

	"Vivo en Madrid."		vive en Madrid.
	"Esta mañana he hablado con Luis."		que esta mañana ha hablado con Luis.
(Yo)	"Ayer estuve con mi hermano."	(Él/Ella)	ayer estuvo con su hermano.
	"Antes iba mucho a la playa."		antes iba mucho a la playa.
	"El lunes no iré a la oficina."		el lunes no irá a la oficina.

FORMULAR HIPÓTESIS

- A lo mejor + presente de indicativo
- Tal vez/Quizá(s) + subjuntivo / indicativo
- Futuro imperfecto de indicativo

- ◆ *¿Por qué no viene Pina?*
- ◆ *¿Nos vemos el domingo?*
- ◆ *Quizás voy al mercado el sábado, ¿quieres algo?*
- ◆ *¡Qué tarde! No ha llegado Juan.*

- ■ *No sé, a lo mejor está enferma.*
- ■ *Sí, tal vez vaya a la fiesta.*
- ■ *No te preocupes; estará con sus amigos.*

LA CONJUGACIÓN

PRETÉRITO INDEFINIDO

Verbos regulares

	HABLAR	COMPRENDER	SUBIR
(Yo)	hablé	comprendí	subí
(Tú/Vos)	hablaste	comprendiste	subiste
(Él/Ella/Usted)	habló	comprendió	subió
(Nosotros/as)	hablamos	comprendimos	subimos
(Vosotros/as)	hablasteis	comprendisteis	subisteis
(Ellos/Ellas/Ustedes)	hablaron	comprendieron	subieron

Verbos con alteraciones vocálicas

PEDIR (1)	DORMIR (2)	LEER (3)
pedí	dormí	leí
pediste	dormiste	leíste
pidió	durmió	leyó
pedimos	dormimos	leímos
pedisteis	dormisteis	leísteis
pidieron	durmieron	leyeron

Presentan la misma irregularidad:
(1) corregir, elegir, medir, preferir, repetir, seguir, servir, vestir...
(2) morir.

(3) verbos con una vocal antes de la terminación: caer, oír... y verbos terminados en -uir.

Verbos con cambios en la raíz y la terminación

	Yo	Tú/Vos	Él/Ella/Ud.	Nosotros/as	Vosotros/as	Ellos/Ellas/Uds.
ANDAR	anduve	anduviste	anduvo	anduvimos	anduvisteis	anduvieron
CONDUCIR	conduje	condujiste	condujo	condujimos	condujisteis	condujeron
DECIR	dije	dijiste	dijo	dijimos	dijisteis	dijeron
ESTAR	estuve	estuviste	estuvo	estuvimos	estuvisteis	estuvieron
HACER	hice	hiciste	hizo	hicimos	hicisteis	hicieron
PODER	pude	pudiste	pudo	pudimos	pudisteis	pudieron
PONER	puse	pusiste	puso	pusimos	pusisteis	pusieron
QUERER	quise	quisiste	quiso	quisimos	quisisteis	quisieron
SABER	supe	supiste	supo	supimos	supisteis	supieron
TENER	tuve	tuviste	tuvo	tuvimos	tuvisteis	tuvieron
TRAER	traje	trajiste	trajo	trajimos	trajisteis	trajeron
VENIR	vine	viniste	vino	vinimos	vinisteis	vinieron

Verbos con irregularidades propias

DAR	di	diste	dio	dimos	disteis	dieron
IR/SER	fui	fuiste	fue	fuimos	fuisteis	fueron

Usos El pretérito indefinido se emplea con las siguientes referencias temporales:

- anteayer, ayer, anoche
- el otro día, el lunes / martes / miércoles...
- la semana pasada
- el año / mes / verano pasado
- hace un / dos / tres... día(s) / mes(es) / año(s)
- en enero / febrero / marzo...
- en 1990 / 1991...
- el 14 de julio / 12 de agosto...

Anoche cené con Isabel.
El martes fuimos al cine.
Julia vino la semana pasada.
El verano pasado estuviste en México.
Llegué hace cuatro días.
Nuestro hijo nació en enero.
Emilio e Isabel se conocieron en 1996.
Se casaron el 5 de septiembre.

PRETÉRITO IMPERFECTO

Verbos regulares

	HABLAR	COMPRENDER	SUBIR
(Yo)	hablaba	comprendía	subía
(Tú/Vos)	hablabas	comprendías	subías
(Él/Ella/Usted)	hablaba	comprendía	subía
(Nosotros/as)	hablábamos	comprendíamos	subíamos
(Vosotros/as)	hablabais	comprendíais	subíais
(Ellos/Ellas/Ustedes)	hablaban	comprendían	subían

Verbos irregulares

	IR	SER	VER
	iba	era	veía
	ibas	eras	veías
	iba	era	veía
	íbamos	éramos	veíamos
	ibais	erais	veíais
	iban	eran	veían

Usos
- Para hacer descripciones en pasado.
- Para hablar de actividades habituales en el pasado.
- Para pedir cosas de forma cortés.

La casa era grande y tenía cuatro habitaciones.
Cuando era joven, practicaba mucho deporte.
Quería dos kilos de naranjas y un melón.

CONTRASTE PRETÉRITO INDEFINIDO/PRETÉRITO IMPERFECTO

- Con el pretérito indefinido se indican las acciones, los acontecimientos.
- Con el pretérito imperfecto se precisan las circunstancias y las situaciones en las que se desarrolla la acción expresada en pretérito indefinido.

El otro día, Carmen llegó tarde al trabajo porque había mucho tráfico.

PRETÉRITO PLUSCUAMPERFECTO

	haber en pretérito imperfecto		participio pasado
(Yo)	había		
(Tú/Vos)	habías		
(Él/Ella/Usted)	había	+	hablado
(Nosotros/as)	habíamos		comprendido
(Vosotros/as)	habíais		subido
(Ellos/Ellas/Ustedes)	habían		

participios pasados irregulares

abrir	abierto	poner	puesto
decir	dicho	romper	roto
escribir	escrito	ver	visto
hacer	hecho	volver	vuelto

Usos
- Para indicar una acción pasada anterior a otra acción o situación también pasada.
Cuando llegué a casa, mis padres ya habían cenado.

PRESENTE DE SUBJUNTIVO

Verbos regulares

	HABLAR	COMPRENDER	SUBIR
(Yo)	hable	comprenda	suba
(Tú/Vos*)	hables	comprendas	subas
(Él/Ella/Usted)	hable	comprenda	suba
(Nosotros/as)	hablemos	comprendamos	subamos
(Vosotros/as)	habléis	comprendáis	subáis
(Ellos/Ellas/Ustedes)	hablen	comprendan	suban

Verbos irregulares

	CERRAR (1)	VOLVER (2)	PEDIR (3)	PREFERIR (4)	DORMIR (5)
	cierre	vuelva	pida	prefiera	duerma
	cierres	vuelvas	pidas	prefieras	duermas
	cierre	vuelva	pida	prefiera	duerma
	cerremos	volvamos	pidamos	prefiramos	durmamos
	cerréis	volváis	pidáis	prefiráis	durmáis
	cierren	vuelvan	pidan	prefieran	duerman

Presentan la misma irregularidad:
(1) despertarse, empezar (empiece, empieces...), fregar (friegue, friegues...), pensar, recomendar, sentarse, encender, entender, perder...
(2) acordarse, acostarse, comprobar, contar, costar, encontrar, poder, probar, recordar, devolver, mover, torcer (tuerza, tuerzas...), jugar (juegue, juegues...)...
(3) corregir (corrija, corrijas...), elegir (elija, elijas...), medir, repetir, seguir (siga, sigas...), servir, vestir...
(4) divertirse, sentir...
(5) morir.

Verbos que se construyen a partir de la primera persona del presente de indicativo (menos "o")

Otros verbos:

	CAER
(Yo)	caiga
(Tú/Vos*)	caigas
(Él/Ella/Usted)	caiga
(Nosotros/as)	caigamos
(Vosotros/as)	caigáis
(Ellos/Ellas/Ustedes)	caigan

decir	dig-
poner	pong-
salir	salg-
conducir	conduzc-
conocer	conozc-
construir	construy-
ver	ve-

+

a
as
a
amos
áis
an

Verbos con irregularidad propia

DAR	ESTAR	HABER	IR	SER	SABER
dé	esté	haya	vaya	sea	sepa
des	estés	hayas	vayas	seas	sepas
dé	esté	haya	vaya	sea	sepa
demos	estemos	hayamos	vayamos	seamos	sepamos
deis	estéis	hayáis	vayáis	seáis	sepáis
den	estén	hayan	vayan	sean	sepan

* En el uso coloquial, las formas verbales de vos se pronuncian (y se escriben) como palabras agudas.
  En algunos verbos irregulares se producen vacilaciones de forma: cierres/cerrés…

Usos
- Expresar deseos. *Mañana vamos a la playa; espero que haga sol.*
- Pedir acciones a otros. *Quiero que vengas mañana.*
- Indicar finalidad. *Manda la carta ahora para que llegue antes del sábado.*
- Ofrecer ayuda. *¿Quieres que te ayude a hacer los ejercicios?*
- Formular hipótesis. *Juan todavía no ha llegado, quizás/tal vez esté en la oficina.*
- Expresar buenos deseos. *Espero que te diviertas mañana en la fiesta.*
- Con las estructuras:

Es | conveniente / necesario | que + presente de subjuntivo   *Si quieres estar en forma, es necesario que hagas deporte.*

IMPERATIVO

Imperativo afirmativo

Verbos regulares

HABLAR	COMPRENDER	SUBIR	
habla/*hablá*	comprende/*comprendé*	sube/*subí*	(Tú/Vos)
hable	comprenda	suba	(Usted)
hablad	comprended	subid	(Vosotros/as)
hablen	comprendan	suban	(Ustedes)

Verbos irregulares: alteraciones vocálicas

DORMIR	CERRAR	PEDIR	
duerme	cierra	pide	(Tú/Vos*)
duerma	cierre	pida	(Usted)
dormid	cerrad	pedid	(Vosotros/as)
duerman	cierren	pidan	(Ustedes)

Verbos con irregularidades propias

DECIR	HACER	OÍR	SALIR	PONER	TENER	TRAER	IR	SER	
di	haz	oye	sal	pon	ten	trae	ve	sé	(Tú/Vos*)
diga	haga	oiga	salga	ponga	tenga	traiga	vaya	sea	(Usted)
decid	haced	oíd	salid	poned	tened	traed	id	sed	(Vosotros/as)
digan	hagan	oigan	salgan	pongan	tengan	traigan	vayan	sean	(Ustedes)

* Vos sigue el paradigma regular: dormí, pedí, cerrá, decí, hacé, oí, salí… El imperativo del verbo ir es andá.
- La forma "vosotros/as" es siempre regular, se construye sustituyendo la terminación por -ad, -ed o -id.
- El imperativo negativo se forma con: No + formas correspondientes del presente de subjuntivo.

Usos
- Para indicar un camino. *Siga recto y gire la primera a la izquierda.*
- Para dar consejos y recomendaciones. *No coma demasiada carne y beba mucha agua.*
- Para pedir acciones a otros. *Pásame la sal, por favor.*

GLOSARIO
(en español y en tu idioma)

EPISODIO 0

acogedor/-a

acontecimiento (el)

acueducto (el)

afición (la)

alegre

amistad (la)

antipático/a

bebedor/-a

canal (el)

capital (la)

castaño/a

celoso/a

ciclismo (el)

comerciante (el/la)

comunicativo/a

cordial

correr

costa (la)

depender de

duna (la)

elaborar

esbelto/a

este (el)

especialidad culinaria (la)

exposición (la)

extensión (la)

extranjero/a

famoso/a

físicamente

gato (el)

gustos (los)

hacer una pregunta

hasta pronto

histórico/a

idioma (el)

impuntual

independiente

ingreso (el)

introvertido/a

isla (la)

joven

lago (el)

lengua (la)

limitar

lindo/a

magnífico/a

mar (el)

marisco (el)

mayor

mentiroso/a

moneda (la)

monumento (el)

nacer

negativo/a

norte (el)

obligación diaria (la)

océano (el)

oeste (el)

ondulado/a

paisaje (el)

parque natural (el)

parque temático (el)

perezoso/a

perro (el)

personalidad (la)

población (la)

positivo/a

preferido/a

receta (la)

religión (la)

religioso/a

rizado/a

ron (el)

sincero/a

situado/a

sur (el)

terminar

tímido/a

tradicional

triste

turístico/a

unir

varios/as

volcán (el)

zona (la)

"Abrazos."

"Es verdad."

"¡Por supuesto!"

primer plano

GLOSARIO
(en español y en tu idioma)

EPISODIO 1	EPISODIO 2
ambiente familiar (el)	academia de idiomas (la)
aparcar	anoche
aprobar	aparato (el)
arreglar	barrio (el)
asistir a una reunión	biblioteca (la)
colegio (el)	bolera (la)
comedor (el)	calle (la)
concierto (el)	casarse
copa (la)	centro (el)
cuidar	chorizo (el)
darse un baño	cuadro (el)
dejarse	cultural
dentista (el/la)	degustar
electricista (el/la)	director/-a de cine (el/la)
enchufe (el)	durar
enfadado/a	elegante
enfermo/a (el/la)	escritor/-a (el/la)
entrevista (la)	folleto (el)
estado anímico (el)	funambulista (el/la)
estado emocional (el)	galería (de arte) (la)
estado físico (el)	ganar
estar abierto/cerrado	guía (la)
estar cansado/a	guiñol (el)
estar embarazada	hace un rato
estar enfermo/a	historia (la)
estar jubilado/a	imagen (la)
gente (la)	impresionante
hacer entrevistas	jamón (el)
hacer un examen	jardín (el)
instalación de luz (la)	localizar
luz (la)	lugar (el)
marchoso/a	medir
mensajero (el)	mercado (el)
nervioso/a	oficina de turismo (la)
organizar	palacio (el)
preparar	pantalla (la)
redactar	parada de autobús (la)
reservado/a	parecer
resultado (el)	parque (el)
tranquilidad (la)	parque de atracciones (el)
	pasarlo bien
"¡Cariño!"	pedir información
"¡No me digas!"	pinacoteca (la)
"Por cierto..."	planta tropical (la)
"¿Qué te pasa?"	premio (el)
"¡Tranquilo!"	quedarse en casa

glosario

123

GLOSARIO
(en español y en tu idioma)

servir para + inf. _____
sitio (el) _____
taberna (la) _____
tener ganas de + inf. _____
tomar copas _____
zoo (el) _____

"¡Adivina!" _____
"¡Enhorabuena!" _____
"¡Perdona!" _____

EPISODIO 3

abrigo (el) _____
anuncio (el) _____
cerca _____
conducir _____
consejo (el) _____
continuar _____
cruzar _____
currículo (el) _____
dar de comer _____
dejar de fumar _____
empleado/a (el/la) _____
estar en paro _____
final de la calle (el) _____
fuente (la) _____
funcionar _____
girar _____
instrucción (la) _____
ir todo recto _____
nevera (la) _____
oír _____
otra vez _____
planta (la) _____
recoger (a alguien) _____
recomendación (la) _____
saltarse un semáforo _____
subir la música _____
tienda (la) _____
torcer _____
zapatos (los) _____

"¡Es facilísimo!" _____
"¡Hace (mucho) calor!" _____
"No soy de aquí." _____
"¿Qué pasa?" _____

EPISODIO 4

bañador/traje de baño (el) _____
barato/a _____
bastante _____
blusa (la) _____
bolso (el) _____
bragas (las) _____
calcetines (las) _____
camisa (la) _____
camiseta (la) _____
caro/a _____
cartera (la) _____
cazadora (la) _____
chaqueta (la) _____
chaquetón (el) _____
clásico/a _____
cliente/a (el/la) _____
cobrar _____
cremallera (la) _____
de algodón _____
de cuadros _____
de piel _____
de rayas _____
demasiado/a _____
dependiente/a (el/la) _____
elegante _____
enseñar _____
envolver _____
escaparate (el) _____
estrecho/a _____
falda (la) _____
formal _____
guantes (los) _____
informal _____
jersey (el) _____
juvenil _____
liso/a _____
modelo (el) _____
pantalones (los) _____
precioso/a _____
prenda (la) _____
probador (el) _____
probarse _____
quedar bien _____
quedar fatal _____
regalar _____
sandalias (las) _____

GLOSARIO
(en español y en tu idioma)

sujetador (el)	
talla (la)	
vaqueros (los)	
vestido (el)	
zapatillas de deporte (las)	
"¿Algo más?"	
"¿Cuánto vale?"	
"¡Estás guapísima!"	
"Me los llevo."	
"¿Qué talla usas?"	
"¿Qué te parece?"	

EPISODIO 5

acupuntor/-a (el/la)	
alcohol (el)	
aspirina (la)	
automedicarse	
boca (la)	
brazo (el)	
cabeza (la)	
cadera (la)	
cafeína (la)	
cardenal (el)	
cereales (los)	
codo (el)	
con asiduidad	
con moderación	
contestador automático (el)	
cuello (el)	
cuerpo (el)	
dar consejos	
dedicar	
dedo (el)	
desconectar	
diario/a	
diente (el)	
dieta (la)	
doler	
encontrarse fatal	
engordar	
espalda (la)	
estar en forma	

estar estresado/a	
estar molido/a	
estar resfriado/a	
estómago (el)	
evitar	
farmacéutico/a (el/la)	
farmacia (la)	
fibra (la)	
garganta (la)	
grasa (la)	
hacer una pausa	
hombro (el)	
incluir	
ir al médico	
medicación (la)	
medicamento (el)	
mejorar	
minerales (los)	
muelas (las)	
muñeca (la)	
nariz (la)	
oídos (los)	
ojos (los)	
oreja (la)	
paquete (el)	
patatas fritas (las)	
pecho (el)	
pedir consejo	
pie (el)	
pierna (la)	
proteínas (las)	
régimen (el)	
resfriado (el)	
rodilla (la)	
tener anginas	
tener dolor de…	
tener fiebre	
tener gripe	
tener mal aspecto	
tener tos	
tiempo libre (el)	
tirita (la)	
tobillo (el)	
verdura (la)	
vitamina (la)	
zumo de naranja (el)	

glosario

125

GLOSARIO
(en español y en tu idioma)

"¿Cuánto le debo?" _____

"¡Por fin!" _____

"¡Que se mejore!" _____

"¡Venga!" _____

EPISODIO 6

abuelos (los) _____

aburrido/a _____

aceite de oliva (el) _____

aceptar _____

actriz (la) _____

agradable _____

aparecer _____

atasco (el) _____

barra de pan (la) _____

bastón (el) _____

besugo (el) _____

bocadillo (el) _____

cambiar _____

caramelo (el) _____

charlar _____

chicle (el) _____

chorizo (el) _____

chuleta de cerdo (la) _____

coliflor (la) _____

docena (la) _____

estar maduro/a _____

estilo (el) _____

envidia (la) _____

filete de ternera (el) _____

galleta (la) _____

genial _____

harina (la) _____

infancia (la) _____

jóvenes (los) _____

lechuga (la) _____

lenguado (el) _____

litro de leche (el) _____

mantequilla (la) _____

manzana (la) _____

mejillones (los) _____

melón (el) _____

merluza (la) _____

montaña rusa (la) _____

montarse _____

móvil (el) _____

naranja (la) _____

numeroso/a _____

pan integral (el) _____

papel (cine) (el) _____

paquete de café (el) _____

parque de atracciones (el) _____

película muda (la) _____

portátil (el) _____

recordar _____

representativo/a _____

ruido (el) _____

sacar (las) entradas _____

tarta (la) _____

vegetariano/a _____

ver un partido _____

yogur natural (el) _____

"¿A cómo está el kilo?" _____

"Aquí tiene" _____

"¿Cuánto es?" _____

"¿Me cobra?" _____

"¡Qué casualidad!" _____

"¿Qué le pongo?" _____

EPISODIO 7

aburrirse _____

acuse de recibo (el) _____

alquilar _____

apagar la luz _____

aproximadamente _____

carta certificada (la) _____

cava (el) _____

certificar _____

creativo/a _____

dar una sorpresa _____

deseo (el) _____

destinatario/a (el/la) _____

empleo (el) _____

estar aburrido/a _____

estar bien pagado _____

estar de vacaciones _____

primer plano

firmar _____
formular un deseo _____
gasolina (la) _____
humo (el) _____
intentar _____
mellizos (los) _____
oficina de Correos (la) _____
paquete (el) _____
perder el autobús _____
postal (la) _____
quizá(s)/tal vez/a lo mejor _____
rellenar un impreso _____
rutinario/a _____
sello (el) _____
solucionar _____
telegrama (el) _____
tráfico (el) _____
últimamente _____
variado/a _____

"Es conveniente." _____
"Es importante." _____
"¿Puede ser?" _____
"¡Que lo pases bien!" _____
"Queridos amigos:" _____

entrenarse _____
equipo (el) _____
estar deprimido/a _____
fiambre (el) _____
final (el) _____
gratuito/a _____
incredulidad (la) _____
lata de cerveza (la) _____
máquina (la) _____
mechero (el) _____
noche anterior (la) _____
perchero (el) _____
piso (el) _____
prestar _____
primo/a (el/la) _____
refresco (el) _____
resignación (la) _____
selva (la) _____
talar _____
tamaño (el) _____
tapas (las) _____
tardar _____
tener ganas de _____
tener hambre _____
terminar la carrera _____
transeúnte (el/la) _____
trillizos (los) _____
vacuna (la) _____
vino tinto/rosado/blanco (el) _____

EPISODIO 8

aburrimiento (el) _____
alegría (la) _____
alivio (el) _____
alcanzar _____
billete (el) _____
calamares (los) _____
cambio (dinero) (el) _____
científico (el) _____
conejo (el) _____
conseguir _____
darse prisa _____
debate (el) _____
ecologista (el/la) _____
encargar _____
enfriarse _____
ensalada mixta (la) _____

"¿Cómo dices?" _____
"Está prohibido fumar." _____
"Hace frío." _____
"¡Menos mal!" _____
"No te oigo." _____
"¡Por fin!" _____
"¡Qué rollo!" _____
"¡Qué se le va a hacer!" _____
"¡Venga ya!" _____